正面管教

Positive Discipline

梅子◎著

天津出版传媒集团

天津人民出版社

图书在版编目（CIP）数据

正面管教 / 梅子编著. -- 天津 : 天津人民出版社,
2018.2
ISBN 978-7-201-12950-1

Ⅰ.①正… Ⅱ.①梅… Ⅲ.①家庭教育 Ⅳ.①G78

中国版本图书馆CIP数据核字(2018)第035823号

正面管教
ZHENG MIAN GUAN JIAO

出　　版	天津人民出版社
出 版 人	黄　沛
地　　址	天津市和平区西康路35号康岳大厦
邮政编码	300051
邮购电话	（022）23332469
网　　址	http://www.tjrmcbs.com
电子信箱	tjrmcbs@126.com
责任编辑	刘子伯
印　　刷	三河市德鑫印刷有限公司
经　　销	新华书店
开　　本	787mm × 1092mm 1/16
印　　张	15
字　　数	150千字
版次印次	2018年2月第1版　2018年2月第1次印刷
定　　价	42.00元

前　言

"你看看人家，你怎么就不能跟人家学学！"

"我怎么生了你这么个笨孩子啊！"

"你都这么大了，怎么还不听话呢！"

……

这些话，是不是很耳熟？你是否也对孩子说过？作为父母，我很理解大家的心情，很多时候，其实我们并不想发脾气，只是火气一下上来了，就忍不住会对孩子说一些很难听的话，甚至还动手打孩子。等气消了，我们又会非常后悔，觉得对不起孩子。我跟大家一样，常常对自己的冲动行为感到后悔。在教育孩子方面，我自认为孩子很有发言权的，然而，在孩子上三年级那年，我第一次扇了他一巴掌。

那时候儿子上三年级，第二天就要期中考试了，所以有很多功课。这时候儿子的姑姑来家里做客，我让儿子出来打个招呼。

儿子说："妈妈等一下，我在复习呢，看完书就马上出来。"

我说："你先出来。"

结果儿子又说："妈妈，真的，这一课我马上就复习完了，再给我十分钟。"

我觉得很没面子，火气一下子就上来了："你这孩子怎么这么不懂礼貌！姑姑专门来看你的，赶紧出来，再拖拖拉拉，看我等会儿怎么教训你！"儿子听我这么一说，犟脾气就犯了，就是不肯出来，结果我气不过，冲进房间狠狠地扇了他一巴掌。

后来，我也跟儿子讨论过这件事。我说："儿子，你记得妈妈以前扇过你一个耳光吗？"儿子说："我怎么会忘记呢？"听起来，语气还有些怨念。

我说："那你觉得怎么样啊？"

儿子说："很烦你啊。"

我说："妈妈也没有给你道歉，你是怎么处理的？"

儿子说："妈妈，你要知道秘密吗？"他带我走进他的房间，打开抽屉，里面有一张打印的我的照片，照片上画满了丑陋的符号。

儿子说："妈妈，我被你打过之后，你以为没事去睡觉了，但是我当时非常讨厌你，就把你的照片打印出来，在上面画满各种各样丑陋的符号。"

我们以为孩子年纪小，打骂几下，他们很快就忘记了，好像什么都没发生过一样，然而，事实并非如此。扇耳光对一个人的伤害很大：一耳光下去，孩子跟你的距离就拉远了，孩子就更加怨恨你。所以，在教育孩子的过程中，千万不要打骂孩子。因为打骂不仅不能让孩子变得更好，还会让孩子和家长在心灵之间产生裂痕，让亲子关系变得疏远。

那么，如果不打骂、吼叫孩子，我们又该采取什么样的教育方式来管教孩子呢？

我的答案是：正面管教。

什么是正面管教呢？就是一种既不惩罚孩子，也不会娇惯孩子的方法。孩子只有在一种欣赏、激励、和善而坚定的气氛中，才能培养出自律、责任感、合作以及自己解决问题的能力，才能学会使他们受益终身的社会技能和生活技能，才能取得良好的学业成绩……如何运用正面管教方法使孩子获得这种能力，就是本书的主要内容。

我们这一辈家长没有谁小时候是没挨过打的，所以当我们有了孩子，潜意识就觉得，孩子就是要挨打，才能教育好。时至今日，"棍棒教育"依然是大多数家长奉为真理的教育理念。但是，我要告诉大家，这真是大错特错！

其实，用武力让孩子屈服，是达不到教育效果的，声调高低和结果往往成反比，教育不是情绪发泄，嗓门不能解决任何问题，反而会使孩子感觉你没有修养和自己不被尊重。

另外，家长只知道对孩子大吼大叫，并不会教会孩子什么有用的道理，一旦他习惯你的行为模式，他会把你的话当成耳旁风，时间一长，甚至会"以其人之道还治其人之身"，你吼他，他会比你更凶地吼回来。如果大人孩子都发脾气，批评很有可能会升级为哭闹和打骂，那么只会毁掉你努力管教孩子的成果。

俗话说："有理不在声高。"其实家长应该反思一下自己的教育方式。实践证明，用正面管教的方式教育孩子，会让孩子感觉到你是尊重他的，并且他也愿意按照你说的做。所以，对孩子的教育，应该是不凶不吼的教育。为人父母者应该掌握一些不凶不吼教育孩子的妙招。

我是一个教育工作者，也是一个孩子的母亲，不管在生活中，还是在工作中，我接触过数以千计的家庭，从那些成功的教育案例中，总结了父母在生活中如何对孩子进行正面管教的方法，编写了这本书。

本书力求达到以下特点：

第一，实操性。本书中每一方法都来自成功家庭的教育实例，所以，当你们在教育孩子的过程中遇到瓶颈，都可以在本书里找到突破的方法。

第二，借鉴性。你不可能找到两片相同的树叶，也不可能找到两个性格一模一样的孩子。本书在讲明案例的同时，还十分注意教育方法的提炼，相信这些方法可以超越个案，具有普遍的启发作用。

第三，系统性。本书从多个方面讲述了如何用正面管教培养孩子的方法，指导家长具体应该怎么做，相信这些简单而又实用的方法能给你带来启示。

本书没有晦涩的说教，没有至高的圣训，有的是生活中真实、熟悉、典型的教育案例，让你在轻松学习的同时，又能多多思考。在看似平淡的案例分析中，却隐藏着大大的教育智慧，这种智慧不是学习的成果，也不是积累的成果，而是回归原点、回归真爱、驱除吼叫打骂，对孩子进行表扬、激励、鼓励、欣赏的体现。

教育子女，可能是世界上唯一没有专业学校，却要终身学习的科目。我们买一台电脑，有《使用说明书》；我们买一部手机，也有《使用说明书》。但孩子的出生，没有随身携带《使用说明书》。所有的父母都在学习如何成为一名优秀的父母，所有的孩子，也在学习如何变成优秀的孩子，因此，父母和孩子都需要一起慢慢学习，慢慢成长。

世上没有教不好的孩子，只有不会教的父母，教出好孩子，首先要改变我们的教育思维，而掌握正面管教的教育智慧，正是改变一切的开始。

目 录
Contents

第一章 别因摔跤而怨恨石头，
从今天起走路看脚下

授人以鱼不如授人以渔，一个好的父母要有温柔而坚定的态度，管教孩子时不能以奖励和惩罚为基础，而重在把孩子当成未被开发的最大资源，让孩子主动地参与解决问题。当他们学会相关技能时，他们就会拥有丰富的解决问题的智慧和才能；当他们参与解决问题时，会带来无穷无尽的益处……

01. 不是训斥成绩低下，而是指示变好的方法

侄子平平小时候学习很用功，回家做作业从来不让他父母操心。但不知道什么原因，一到考试的时候，同桌轻轻松松就能拿下全班第一，可他再怎么努力，也就勉强进前 20 名，这让平平很是失落。

每次考完回家，平平难免会遭受其父母的一顿批评。努力学习却总也考不好，再加上爸爸妈妈的训斥，使得平平更加没有信心，成绩也是越考越差。

又一次考试后，平平考了第 27 名。放学回家后，平平低着头走进家门，准备接受爸爸妈妈的训斥。那天我碰巧在妹妹家做客，妹妹看到平平低着头的样子，气不打一处来，站起身来就准备训斥。我连忙拉着妹妹坐下，示意她不做声。然后，我走过去牵起平平的小手，走进他的房间。

进了房间后，我轻声地问平平："是不是没有考好？"平平点点头，然后昂起头来问我："大姨，我是不是特别笨啊？我和同桌一样，上课认真听讲，认真做作业，可是，为什么他每次都能考第一名，而我每次都考这么差呢？"

听了平平的话，我清楚了，平平成绩差并不是他不够努力、认真，而是他可能用错了方法。于是，我向他详细地询问了学习过程和细节，终于知道了原因出在哪里。

原来，平平上课是很认真听讲，但他听讲的过程中，有很多听不懂的问题，也不敢向老师和同学提问，结果问题越积越多，导致这堂课的内容还没学好，下堂课的问题又来了。虽然他一直在认真学习，但却没得要领。

知道原因后，我并没有马上告诉平平，而是走出去，和妹妹进行了一番深谈。我首先把平平为什么认真学习而考不好的原因一一分析给妹妹听。然后严重地批评了妹妹的教育方法——当孩子成绩低下时，我们不应该一味地训斥，而是应该指示变好的方法。最后，我让妹妹自己主动去把方法教给平平，这样既能修复她和平平之间的关系，又能减少平平的心理压力，让他以后愿意跟她诉说自己的学习情况。

妹妹听完我的话，意识到了自己的教育方法有欠妥当，决定按照我的方法去做。一个周末，妹妹带着平平去海边玩。就是在这次旅行中，妹妹彻底解决了平平的问题。妹妹和平平坐在沙滩上，海边都是争抢食物的水鸟，但是海鸥却不像其他的鸟儿那样灵活，海鸥们从沙滩飞向天空需要很长的时间。

这时，妹妹对平平说："你知道吗？虽然海鸥的动作很笨拙，但是真正能飞越大海，抵达大洋彼岸的，恰恰是这些笨拙的鸟。对你来说也是一样，最后真正能取得成就的人，不一定是天资过人的孩子，像你一样虽然没有别人聪明，却一直努力的孩子，一样可以成功……"接着，妹妹便告诉平平该如何听讲、如何写作业，遇到听不懂的问题要及时向老师或同学请教之类的学习方法。

或许是妈妈的话起了作用，如今平平再也不会因为自己没考好而苦恼，再也没有人追问他考试得了第几名了，你问我为什么？因为平平以全市第一的成绩考入了中国人民大学。

实际上，很多成绩差的孩子，并不就是不努力的孩子。因此，我们不能一味地训斥孩子成绩低下，这样做不但对提高孩子的成绩毫无益处，甚至还会起阻碍作用。在我们的训斥声中，孩子就会认为"我是个笨蛋，怎样也不会成为父母期望的样子的。"于是他们就会陷入成绩怪圈：越考越差，越差越讨厌学习。对于成绩低下的孩子，我们不能一味的训斥、惩罚，而是要指示给孩子变好的方法。

在我多年的教育经验中，我总结出了几个方法，当孩子成绩低下时，我们可以试下几个方法，让孩子的成绩得到提高。

首先，用小小的成功帮孩子建立自信心。

在儿子刚上小学时，在他的班上，他并不是个特别聪明的孩子，反应速度也没有其他同学快，他最差的科目就是数学了。其他同学可以轻松回答的问题，儿子总要想上半天，因此儿子越来越讨厌数学，在家里一让他做题他就说头痛，这让我也很头疼。

后来，丈夫想出了个好办法，他找了几道简单的应用题，从单位回来后对儿子说："爸爸给你拿了几道数学题，你试试看。"

儿子皱着眉头拿起笔，意外的是，十几分钟，儿子就把题目做完了。丈夫非常高兴，他大声地告诉儿子："你真棒，这几个题做的全对！你怎么能说你不喜欢数学呢？你就是个数学小天才啊！"

"真的吗？"儿子激动得说，他第一次觉得数学其实是很有趣的。

丈夫灵活地运用"诱导计"，激发出了孩子学习的兴趣。心理学家认为父母经常有意识地安排一些比较简单的题目让成绩较差的孩子去做，并及时给予褒奖、赞美，那么孩子的自信心自然容易建立，厌学的情绪必定也会得到改变。

其次，鼓励孩子重新振作精神。

有一天，儿子垂头丧气地回到家里。丈夫拿过试卷一看，气不打一处来，站起来就准备训斥儿子，在一旁的我连忙劝住了丈夫。我看了看试卷，耐心地帮儿子分析考试失利的原因，并告诉他正确的做题方法，还鼓励他说："考试是非常公平的，只要你多努力，认真复习，下次取得进步是一定的！你有没有信心呢？"儿子非常开心，认真地点了点头。那个学期的期末考试，儿子终于进了前10。

其实成绩差的孩子更需要我们的鼓励和支持。我们应该和孩子一起总结失败的经验，告诉孩子，在哪里跌倒的，就要在哪里站起来。这样才能让孩子重拾信心、振作精神。

然后，借助榜样的力量。

儿子有一个好朋友叫小雨，这是一个可爱的小女孩，爱唱歌、爱跳舞，可就是学习成绩不好，小雨的父母为此很是发愁。后来她的父母通过与老师沟通，最终想了个办法：把她和班上的学习委员菲菲坐同桌。

菲菲是个热心肠的女孩，很乐于当小雨的"小老师"。慢慢地，小雨对学习也不再那么恐惧了，发现原来学习也这么有趣。终于，一次考试中，小雨考了个史无前例的第 9 名。小雨在看到成绩时禁不住抱着菲菲欢呼起来："我终于考进前 10 名了。"从此，小雨和菲菲也由两个本无交集的同学变成了无话不谈、形影不离的好朋友。

榜样的力量是非常强大的，假如我们多鼓励孩子和成绩优秀的同学交朋友，多和他们交流，学习他们的学习方法和做题思路，时间一长，孩子自然会受影响，改变学习态度。有句话叫做"近朱者赤"，假如这个榜样是孩子喜欢的人，那就更好了，这样对孩子的影响更大。

成绩低差的孩子最讨厌父母训斥和强迫自己学习了，这样做只会让孩子对学习充满敌意，失去耐心，对提高孩子的学习积极性没有任何帮助。所以，聪明的父母要掌握孩子的心理，运用好的方法激发孩子的学习兴趣和学习热情，一点点地提高孩子的学习成绩。

作为父母，我们应该明白，诱导、支持和鼓励的力量比批评指责大得多。面对孩子的成绩低下，我们不是要一味地训斥，而是要指示变好的方法。在你想发脾气时，不妨忍一忍，换一种心态，也许你会给孩子和你自己一个惊喜。

02. 把每次失败当作前进的"垫脚石"

几年前，我教过一个学生，他叫陈思瑞，他的学习成绩一直在班里数一数二。可有一学期的期中考试，试卷发下来后，他的数学考砸了，只有 65 分，当他拿到试卷时，情绪非常低落。第二天早上，都快 9 点了，陈思瑞还没来上学，我以为他病了，就打电话给他妈妈。结果，思瑞妈妈跟我说他很早就出门了。

这下我和他妈妈都着急了，他妈妈哭着对我说："昨天小瑞回来，我看到他数学只考了 65 分，就骂他了，老师，你说他会不会想不开就……"

我迅速冷静下来，对思瑞妈妈说："不会的，陈思瑞已经是个大孩子了，自己做什么心里有数的。"

其实，陈思瑞只有 12 岁，这个年龄段的孩子思想已经渐渐成熟，情绪也渐渐敏感，做什么事情都有自己的一套方法。一次考试失败对他来说，确实是一次打击，加上母亲对他的呵斥，无疑是雪上加霜。

为了尽快找到陈思瑞，我叫上了几个老师、学校保安，和陈思瑞的妈妈一起，找了整整一下午，终于在一个很偏远的公园里找到了他。

我让陈思瑞在家休息几天，调整一下自己的状态。三天后，陈思瑞回到了学校。在陈思瑞回来的前一天，我跟他的同桌刘宇说："你跟陈思瑞关系比较好，明天他回来上课，你多鼓励鼓励他。"

回来后，陈思瑞的情绪依然很低落，他头也不抬地走进教室，我对他说："陈思瑞，头抬起来，才能看到路。"

陈思瑞愣了一下，稍微抬起头，走到自己的位子坐下。这时，刘宇悄悄地跟他说："这几天你没来，我帮你收作业，今天的帮你收好了，待会儿下课你送到化学老师那儿去。"

陈思瑞没接话，刘宇接着说："不就是没考好吗，有什么的啊，'失败是成功之母'，下次好好复习不就好了嘛！那照你这么说，我这次英语才考了 28 分，难道就不活了？”陈思瑞被刘宇逗笑了。

通过陈思瑞因为没考好就离家出走的事件，我对孩子不能面对失败进行了深深地思考。

这个世界上没有常胜将军，每个人都或多或少会遇到失败。特别是孩子，由于做事方法不成熟，遇到失败的次数肯定比成年人多。当他们遇到失败时，自己会感到挫折，我们会感到不安，父母担心孩子的未来，处处防患于未然，不允许孩子失败。于是许多父母，会情不自禁地向孩子伸出援助之手，可是，这样做对孩子的成长是利还是弊，值得好好斟酌。

如今，几乎所有的父母都希望自己的孩子拥有一个成功的人生。所以，他们总是维护孩子，为孩子安排好一切，尽量让孩子不经历失败，但这样只会让孩子“输不起”，让他们缺乏上进心和解决问题的能力。

但是，在现实生活中，孩子是一定会遇到困难，经历失败的，这样就产生了矛盾。其实，对孩子来说，成功的经验固然重要，失败的经验也必不可少。所以，作为父母，我们应该让孩子多经历一些挫折，并让他们在失败中发现自己的不足，从而针对不足，做出改善，把每次失败当作前进的“垫脚石”。

我们时时刻刻都在教孩子如何成功，但是，却忽略了给孩子上好失败这一课。所以我建议父母应该关注孩子的每次失败，抓住时机对孩子进行挫折教育。

那么，我们应该如何教孩子面对失败，把每次失败当作前进的“垫脚石”呢？以下是我的做法，值得大家参考：

第一，和孩子分享失败的经验。

在儿子 6 岁时，他非常喜欢和爸爸下围棋，但是他毕竟是个孩子，棋艺肯定不如爸爸精湛。虽然，爸爸偶尔会故意"输给"儿子几次，但儿子还是无法接受自己输，只要输给爸爸，就大哭大闹。这让爸爸妈妈十分苦恼，孩子怎么这么输不起呢？

后来，我和丈夫偷偷商量了下，有了应对的办法。假如儿子下一次输了又哭，爸爸就跟他说："你才 6 岁就可以跟大人下棋，已经非常棒了！爸爸跟你一样大的时候，都不知道围棋长什么样子，更别说下棋了！爸爸很喜欢跟你下棋，特别是看到你动脑筋思考的样子，我更是高兴。我也可以假装输给你，不过那是在骗你，没有意义的。你是要爸爸假装输给你，还是你一直和我挑战，总有一天你会赢过我？"

结果，儿子再输棋时，一点都不哭了，而是表现得很有信心战胜爸爸。

身为父母，我们应该多和孩子一起分享自己曾经失败的经历，这比给孩子讲一些假大空的道理要有用的多。让孩子知道，自己的爸爸妈妈也会犯错，也会失败，失败并不是什么大不了的事。这就是心理上的"同理性原则"，即让孩子感觉父母在心理上是和他站在一起的，他也就更容易接纳父母对他的教育。

第二，给孩子提供失败机会的胆量。

如今，本田汽车、摩托车风靡全球，但是本田的创始人本田宗一郎先生，小时候却是个后进生。不管他做什么，都不成功，成绩也很差。然而，对于这段经历，本田先生是这样说的："正是因为当时的失败，才培养了我能进行独立思考、具有灵活性和创造性的大脑。从别人那里学到的东西，与自己经过深思苦想得来的东西相比较，其价值和应用的广泛性是大不一样的。"

从这个本田宗一郎先生成材的故事中，我们应该知道，孩子一时的失败不是什么天大的事，而是要引导孩子从失败中吸取教训。实际上，即使再出色的人，他的人生也如三角函数一般有起有伏。因此，聪明的父母允许孩子失败，更重要的是，在孩子失败的时候，父母能否给他战胜失败的自信。

当孩子去做某件事时，就算我们知道孩子可能失败，也要放手让孩子一试，这一点非常重要。也就是说，有时候我们需要有给孩子提供失败机会的胆量。

第三，激励孩子把每一次失败都转化成为走向成功的起点。

一天放学后，儿子告诉我，他在两次市里小学英语选拔赛中，总共才得100多分。由于他英语成绩一直很好，这个成绩几乎让我失望透顶，我顺口说一句："你还是不行。"说完这话，儿子对我说："妈妈，我就是不喜欢听你这么说，一听这样的话我就心慌。"

这时，我才意识到，这已经是我第三次对孩子说这句话了。这一回，我有些震惊，我开始思考一个问题：孩子们在遭遇挫折和失败的时候，他们需要什么？后来，我在一本教育类书籍上看到这样一句话："给孩子以失败后的勇气和信心，比一万个训斥和指责更有价值。"

从此以后，不管儿子的成绩是好是坏，有没有达到自己的预期，我再也没有对他说过"你不行"，反而经常说说"你能行"、"你会更好"、"只要你努力了就是值得表扬的。"

孩子失败，就像他学走路时会摔跤一样，是一件非常平常的事情，哪怕摔倒几千次、几万次，我们都要鼓励孩子勇敢地站起来。只有我们允许失败，不怕孩子失败，才让孩子取得了最后的成功。孩子的成长环境越是宽松，他越不怕失败；孩子的成长环境越是苛刻，他就越怕失败。

从辩证法的角度来看，失败其实是向成功的更进一步。在走向成功的道路上，每个孩子都经历过失败，有些失败可以说是刻骨铭心的。作为父母，我们要在精神上鼓励孩子，带领孩子走出失败的痛苦，并鼓励他们把每一次失败都当作是成功的"垫脚石"。

03. 做好孩子的领航人，给他一个看得见的目标

一天，我无意中翻看到一则童话故事，讲述的是有一位年轻英俊的王子，因为自己的驼背感到非常自卑，常常躲在宫殿里不愿见人。国王请来了无数的名医为王子治病，但是没有一个人能治好王子的病，于是王子变得更加消沉和灰心，躲在自己的屋里一步也不愿走出去。

无奈的国王只好去请教一位智者，智者给他出了一个好主意。于是，国王一回到宫殿就招来了全国技术最精湛的雕刻师，刻了一座没有驼背，满脸自信笑容的王子雕像，这座雕像让人一见就觉得神采照人。

国王让人把这座雕像放在了王子的门前，当王子走出房门看到这座雕像时，整个人受到了极大的震撼。这时，国王对他说："只要你心中这样想，你就会是这个样子！"

从此之后，王子只要看到这座雕像，就会努力地把自己的后背挺直。几个月后，人们都说："王子的驼背好像好多了！"听到这些的王子，变得更加自信和开朗了，走路就更加注意自己的形象了，总是挺着笔直的后背。

终于有一天，奇迹出现了，王子的驼背竟完全好了，而且他站立时的神态就和那尊雕像一样——挺直的后背，自信的笑容。

这个故事告诉我们，当你给孩子一个目标并告诉他一定能够达成时，他真的就会全力以赴地朝着目标前进，直到有一天达成这个目标。而且你也会发现，在孩子一步步努力地过程中，他的自信心也在一天天地增加，还会去做许多他之前没有信心去做的事情。

我一直认为目标激励法是让孩子获得成功的最实际的方法。所谓的目标激励，就是给孩子制定一个适合的目标，以此来诱发孩子奋勇向前，达到调动孩子的积极性的目的。目标的真正作用就是作为一种诱引，引发、导向和激励孩子。

假如我们不断启发孩子对高目标的追求，那么同时就启发了孩子奋发向上的动力。这让我想到了某位哲人的名句：

"目标和起点之间隔着坎坷和荆棘；理想与现实的矛盾只能用奋斗去统一；困难会使弱者望而却步，却使强者更加斗志昂扬；远大目标不会像黄莺一样歌唱着向我们飞来，却要我们像雄鹰一样勇猛地向它飞去。只有不懈地奋斗，才可以飞到光辉的顶峰。"

远大的目标是必须要有的，但是实行的过程中一定要让孩子看到实现目标的希望和前景，要用一个看得见的目标激励孩子，好高骛远的目标并不能让他更接近成功。人都有憧憬美好未来的想法，但是真正梦想成真的又有多少人，为什么那么多美丽的愿望都化为生活中的泡影，变成了回忆里的事情呢？

我想最根本的原因还是我们目标实现的过程太过于漫长，于是这中间发生了太多的变故，导致最后我们改变了自己人生的方向。假如我们给孩子树立了一个清晰、明确的目标，而不是盲目给他一个仿佛笼罩在迷雾里，看不清具体方向的目标，那么孩子在朝着这个目标前进时，就会很明白地看清楚自己向目标靠近了多少，然后满怀成功的期望和热情奋力朝目标前进，于是自信越来越大，最终抵达胜利的终点。反之，则会前功尽弃，失去耐心和毅力。

我曾经在一本书看到一个叫查德威克的故事，我觉得有必要讲给大家听听。

一个清晨，一个叫查德威克的 34 岁女人在浓雾弥漫的太平洋里，朝着加利福尼亚的海岸游去。21 英里的路程显得异常艰难，由于海上大雾的原因，她看不到任何护送她的船只。冰冷的海水侵袭着她的四肢，她依然往前游去。但是 15 个小时后，她选择了放弃，因为她看不到任何目标，并且长时间的身心煎熬让她认为自己已经没有能力继续游下去。

这时，她的教练和母亲都劝她继续游下去，但是她朝着雾茫茫的广阔海面上望去，除了迷雾她什么都看不到，她还是选择了放弃。可当人们把她拉上船的时候，她看到自己离目的地只有半英里！

两个月之后，查德威克成功地游过同一个海峡，而且她游的速度比男子的记录还要快大约两个小时。人们对这一结果都感到很惊奇，纷纷询问查德威克第一次失败的原因，她说第一次之所以没有成功不是因为寒冷，也不是因为孤独，而仅仅是因为她看不到目标。

有时候事情成功和失败的原因就是这么简单，因为看不到明确的目标，所以没有信心继续前行，于是备受煎熬地在最后选择了放弃。拥有很高判断力和毅力的成人尚且如此，那孩子岂不是更容易在看不清目标时选择放弃吗！所以，这时就需要我们做好孩子的领航人，给他一个清晰的看得见的目标，让他朝着这个目标努力前行。

目标的实行过程是一个充满未知的过程，小孩的毅力有限，也很容易被各种各样的事情诱惑，进而转移目标，不能坚持到最后。对于这个问题，我采取的方法就是给孩子先设置一个短期易完成的小目标，也就是把一个大目标分成若干个小目标，让孩子一步步地接近成功的目的地。

有一年春节，儿子的姑姑给他买了一架很复杂的木制船模，而且是没有组装好的，需要孩子按照说明书自己来安装。刚拿到这个船模的时候，儿子兴趣很大，一下午都坐在屋子里安装，但是花费了很长时间才把船的底座粘好。到了晚上，他就选择了放弃，并且要求我帮他安装好。

我觉得这是锻炼孩子动手能力和耐心的一个好机会，我建议儿子每天只完成船上的一个重要组合，比如第一天粘好底座、第二天可以粘好船帆、第三天安装船头、第四天是船尾……

就这样，几天之后，工序很复杂的船模被他安装好了，这让儿子非常有成就感。而且这架靠他自己亲手安装好的船模为他赢得了很多掌声和赞美声，经常有小伙伴来家里看他的船模，然后一脸崇拜地看着他，这时儿子的脸上总是写满自信的笑容。

人生的道路都是要靠自己去走的，酸甜苦辣也好，挫折失败也好，鲜花掌声也好，这一切都要自己去经历，才能明白其中的深意，才能得到属于自己的人生经验。我们不能代替孩子去完成他的人生，能为孩子做的就是让他少走一些弯路，多经历一些成功，多拥有一些自信和毅力，而为孩子选择一个看得见的能够实现的目标是首先要做的。

我一直鼓励父母去激励自己的孩子，去赞扬和认同自己的孩子，这会让我们的孩子想要不断去追求新的知识和新的成就。即使孩子犯错，也要用鼓励的声音帮助他改正错误，认识自己的缺点和坏习惯。

我们就像一名守塔人，当孩子身在迷雾中看不清成功的方向时，我们就要把信号灯拨亮，给孩子指出正确的目标方向，然后指引孩子大踏步地往前行。

04. 放下手中的"黄荆棍"，冷静是最佳的教育方式

上周，有个朋友给我发了条微信链接，我点开一看，是一个视频，视频里吵吵闹闹，而视频的主角是一个小男孩，孩子的胳膊上，背上都是伤，屁股被打得皮开肉绽，一点都不夸张，真的是皮开肉绽。视频放完了，我才弄清楚了事情的原委：

邻居大妈散步回来，看见站在门口的男孩胳膊上有伤，察觉事情不对，就问男孩："你家大人呢？"小男孩不说话。大妈又问："你吃饭

了吗？"小男孩还是不说话。

于是，大妈把孩子的衣服掀起来一看，身上已经被打得体无完肤，大妈又让小男孩把裤子脱掉检查一下，不脱不知道，一脱吓一跳，屁股已经被打得肿了起来，有的伤口甚至已经发炎流脓了。大妈被惊讶到了，她非常气愤地对着手机镜头说："录下来，录下来，全部录下来，报警，必须要报警，怎么能把孩子打成这样呢！"

大妈又问了孩子一些问题，孩子吞吞吐吐地回答了。原来，男孩的爸爸妈妈离婚了，男孩跟着爸爸一起到了爸爸打工的地方，小男孩挑食，不爱吃饭，每次男孩不吃饭，爸爸就会用皮带把孩子抽一顿，然后关在门外。

最近，我在微博和新闻上看到很多类似的事件。这种事情几乎天天都有发生，其实孩子并没有犯下特别天理不容的错误，无非就是孩子不听话、贪玩、不按时吃饭、上课不认真听讲、考试不及格等等，于是父母就开始了"棍棒教育"。当然，最开始只是小打，希望对孩子起到警告的作用，毕竟孩子是父母身上掉下来的一块肉，有哪个父母不疼孩子的呢？父母之所以督促孩子念书，是希望他们长大以后成为有用的人，为家庭做出一些贡献。

中国人有句古话，叫做"棍棒底下出孝子"，貌似很多父母在教育孩子的过程中，都以这句话为"指导思想"，当成自己打孩子的正当理由。实际上，这也是历史文化中的"糟粕"之一。有研究表明，在教育的过程中采取暴力，是一种很不恰当的方法，会给孩子的身心造成不可逆的伤害。聪明的父母必须学会放弃惩罚，循循善诱，让孩子开心地成长。

当孩子还小时，我们过度地迷信"棍棒教育"，认为打骂可以激励孩子，让孩子变得用功，这种想法非常可笑。我们是孩子最好的老师，作为孩子的第一任教师，我们应该对孩子进行正确的引导，让孩子树立正确的价值观、人生观，"以人为本"才是现代父母应该秉持的教育理念。动辄打骂并不能让孩子体会我们的良苦用心，只能在孩子幼小的心灵上留下一道又一道的伤痕。

既然打孩子是为了教育孩子，让他长记性，那么，就算打也不能多打。打两三下，作为警告，让孩子知道错了就行了，我们常说"响鼓不用重槌敲"就是这个道理。假如经常打孩子，把孩子打皮了，孩子就产生了针对"棍棒教育"的"抗体"，以后孩子再犯错，打已经不起效果了。一旦孩子不再惧怕挨打，那就要丢掉手中的棍棒，找到另外的教育方法。假如我们还继续打孩子，那么，孩子就会产生逆反心理，甚至当父母继续打孩子的时候，他们会还手，以暴制暴，问题越来越严重。

因此，我们绝对不能盲目地相信"黄荆棍"的威力，如今的孩子越来越早熟，他们的独立意识也变得越来越强，这就是为什么打多了，他们不是更怕打，而是仇恨和反抗的原因。

有一次，我差点用"黄荆棍"伤害了我和儿子之间的亲子关系。

儿子上小学3年级的时候，有次单元测试成绩特别差，老师请我到学校沟通一下孩子的情况。当我看到儿子考卷的那一刹那，已经火冒三丈了。

老师接着对我说："你们最近是不是给孩子布置的课外作业太多了，还是给孩子报的特长班太多了？"

我回答老师："没有啊，我们在家很注意孩子的休息时间的。"

老师接着说："那就奇怪了，最近有好几个老师跟我说，孩子上课喜欢睡觉呢，这样下去可不行啊。"

我更加生气了，回到家，我就对孩子吼道："你还长本事了是吧！考成这个成绩上课还有脸睡觉，你看我今天不打你！"说罢，便拿起手边的鸡毛掸子准备往儿子身上打去。老公看到不对劲，一把过来拉住我，让儿子先回房间，对我说："你干什么呀，光打孩子有什么用，你要先跟他讲清楚为什么啊。"

老公又劝了我许多，气消了，我走到儿子房间里，坐下来心平气和的对他说："妈妈刚才要打你，是因为你上课睡觉，这是非常不好的，是不尊重老师的表现，下次一定要注意。"儿子低着头不说话。

我接着说："只要你改掉上课睡觉的毛病，认真听讲，下次考试一定会进步的，妈妈相信你，加油！妈妈还是很爱你的。"

儿子听完我说的话，哭了，对我说："妈妈，我错了，我一定改正。"那个学期的期末考试，儿子果然进步很大，我和丈夫都为他高兴。

我们与其通过打骂的方式让孩子受一些皮肉之苦，从而达到教育的目的，时间长了收效甚微，还不如静下心来和孩子好好谈谈，让孩子明白我们为什么会打他。同时，还要教育孩子从今以后要吸取教训，不该做的事情不做，如逃学、旷课、不做功课、在外打架惹祸等。

很多情况下，我们打孩子只是一时冲动，是没有经过大脑思考的，但是这一时冲动却有可能造成严重的后果——使孩子产生不良的心态和心理偏差。就拿孩子撒谎来说，因为我们一旦发现孩子做了错事就会打骂，孩子为了免受"皮肉之苦"，就编出一系列谎言蒙混过关，骗了一次就会有第二次，第三次。可是，谎言总有被拆穿的一天，被我们发现后，又是一顿毒打，孩子下一次做错事更要说谎，这样就构成了说谎的"恶性循环"。

如果我们经常对孩子进行拳打脚踢，时间一长，孩子见到我们就会害怕，不敢亲近，对亲子关系也是一种影响。所以，不管我们要求他做什么，也不管我们的要求是对是错，他都会照做不误。在这种"绝对服从"环境下长大的孩子，长大后容易自卑，缺乏主见，日后的工作、生活会很不顺利。

这类孩子往往会唯命是从，缺乏基本的判断力。经常挨打的孩子会缺乏安全感，特别是在公共场合打孩子，会严重伤害孩子的自尊心。次数多了，孩子会怀疑自己，觉得自己比别人差，觉得自己低人一等，更有甚者，孩子会过早的患上抑郁症，有自杀的倾向。

亲爱的父母们，赶快反省，放下手中的"黄荆棍"吧！不管孩子犯了什么错误，"大打出手"是解决不了问题的，我们要用耐心，化解孩子的淘气。

淘气是孩子的天性，有的父母觉得孩子淘气、不听话就是要狠狠地教育，而这种"狠狠的教育"就意味着体罚，轻则罚站，重则挨打。有的父母一罚站就是半天，这是非常不可取的。

孩子正在成长发育的关键期，骨骼、脊椎都还没有发育完全，如果让孩子在高度紧张的情况下站很长时间，必然会加大身体各个关节的压力，使脊椎和腰椎的负担，让肌肉处于高度紧张的状态，非常不利于孩子的健康成长。

很多事实证明"棍棒教育"是不能起良好的教育作用的。虽然孩子也许会被"腰酸背痛"吓得几天不调皮，但是他们并不知道自己为什么受惩罚，也不知道怎么改正，其实这就是在无形中剥夺了孩子承认错误和改正错误的机会。

总之，为了规范孩子的行为，我们在举起"黄荆棍"之前，一定要三思而后行。这样，不仅能避免和孩子的冲突，也是对孩子做出一个榜样，让孩子明白，犯错要勇于承认，爸爸妈妈并不会对自己有过激的行为。我们的冷静，是最佳的教育方式。

05. 一次拥抱胜过万千批评和说教

一天下午放学回家后，我让儿子去读半个小时的书，这是我和他约定的每天都要做的事。可是，这天不知道什么原因，儿子就是不想去。我见他磨磨蹭蹭不愿意读书，有些生气了，于是说如果他不遵守约定，就取消每天半个小时的看电视时间。听到我这么一说，儿子就着急了，冲着我大叫起来。

我看见儿子的样子实在是忍无可忍，但却一直没有说话。儿子呢，感觉我肯定要发火了，于是把眼睛一闭，等着我去"修理"他。

看着儿子的样子，我忍下了心中的怒火，走过去把他紧紧地搂在了怀里。这可让儿子没有意料到，于是他拼命挣扎，但是，慢慢地，他不再挣扎了，而是在我的怀里平静下来。我仍然一句话也不说，反倒是儿子感到不安起来，小声地对我说："妈妈，明天晚上我再把那半个小时的读书时间补过来，行吗？你别取消我半个小时的看电视时间。"这时我爱怜地看着他说："宝贝，妈妈只是希望你做一个守诺言的孩子，我们既然约定好了每天放学回来先读半个小时的书，就要做到言而有信，继续坚持下去，好吗？"

"嗯，好！先读完书我再去看电视。"听了我的话，儿子一下就挣脱了我的怀抱，边说边去拿书读了。

看，当孩子犯错误时，我仅仅用一个拥抱就让儿子改正了错误。这是多么简单而是谁都可以做到的方法。

拥抱孩子是一种通过身体接触促进亲子关系的沟通方式。身为父母，我们拥抱孩子便意味着在告诉他们：无论什么时候，无论你犯了多大的错误，我们对你的爱都不会变。因此，当儿子犯了错误或做了什么值得鼓励、表扬的事情，一个简单的拥抱要比万千次的批评、说教有效得多。

我记得李嘉诚在回忆自己儿时所受的教育时，曾经很有感触的说："在我的成长过程中，最难忘的就是我父亲的拥抱。到现在，我都还清楚地记得，稳健而富有涵养的父亲与我亲密接触时，常常会忍不住紧紧拥抱我，并把我举得很高……"

有一项心理研究表明，在某种程度上，人们会有"皮肤饥饿感"，什么意思呢？就是说，不管什么时候，人们会希望得到父母或者是其他亲友的一个拥抱。在我们与孩子的众多接触中，怀抱孩子或搂着孩子的肩膀，是最能让孩子产生强烈幸福感和安全感的形式。

曾经有一位母亲给我发了一条微博私信，内容是这样的：

有一天，我的儿子突然对我说："妈妈，你要是能像小时候那样天天都抱我该多好啊。"我听完这句话很不以为然，以为只是儿子在向我撒娇，我就对她说："你都长这么大了是男子汉了，还要妈妈抱，羞不羞啊，你就不怕同学们笑话你吗？"我的儿子已经7岁了，还这样粘着我，这样正常吗？

我回复这位母亲："您的儿子今年才7岁，您觉得他真的长大了吗？此时的孩子正处于一个想依赖妈妈，又想有自己独立见解的时候，他之所以会这样问您，心里一定充满了期待，而你却一盆凉水浇灭了他的期待，您应该正面回答孩子，并且给他一个大大的拥抱，告诉他，就算妈妈现在没有小时候那么常抱你，但是妈妈对你的爱是不变的。"

我经常看到有些父母为了培养孩子的独立性，为了让孩子有出息，从上幼儿园时就报了全托班，吃住都在幼儿园，他们甚至向亲友炫耀："你看我的孩子多懂事，都能自己穿衣服、洗脸了。"其实，这只是孩子在生活上独立的表现，在心理上呢？大家都考虑过孩子的感受吗？恐怕没有几个父母能站在孩子的角度，设身处地的考虑吧。

有许多父母为了孩子不那么累，会为孩子操办好一切，衣来伸手，饭来张口，然后再专门培养孩子的独立性，让幼小的孩子单独一个人住在幼儿园。试图以这种方式，以这种疏远孩子的方式，来代替孩子原本就可以在父母身边完成的独立性格的培养。其实，这种方式，让孩子很难接受。

我们不是将爱和亲情适时而恰当地表现出来，不是在孩子有独立愿望时耐心地培养他们，而是在孩子渴望亲情温暖时却把他们远远地抛离。

从心理学的角度来说，孩子缺少父母的关爱，会缺乏安全感，时刻让自己处于紧张的情绪中。时间长了，他们会变得即渴望亲情，又抗拒亲情，让他们处于一种矛盾的情绪中。在这种环境下成长起来的孩子往往会表现得对人不够宽容，斤斤计较，甚至还会出现焦虑情绪，他们成年后的一些负面举动往往都是在童年时就已经埋下了种子。因此，我们要多给予孩子爱和亲情，而对体现爱和亲情来说，拥抱是最简单的行为方式。

但是，随着孩子不断长大，在不少家庭中，孩子基本上是在父母的唠叨中开始一天的生活的："怎么搞的，总是慢吞吞的，我要说多少次你才能记住！""你看你，丢三落四的，语文又忘记了吧！""快点吃，等一下送你学校之后，我又要迟到了！"无数次的唠叨、情绪化十足的负面言语，带给孩子的只有一整天的不舒服和坏情绪。

我们从什么时候开始，让孩子的世界充满了负面情绪，儿时美好不翼而飞，让孩子觉得快乐是"此情可待成追忆"。以至于一些孩子为了得到妈妈的拥抱，为了能在爸爸的肩上靠一靠，便会不停地腻在他们面前纠缠，以前"像块宝"的孩子，如今却"像根草"。

我看过这样一项调查：70%的孩子都喜欢父母的拥抱，而30%以上的孩子则认为，人的一生都离不开父母的拥抱。爸爸宽广的肩膀总能给孩子注入无穷的力量，妈妈温柔的怀抱无论什么时候，都是孩子心灵停泊的港湾。

实际上，孩子有时候犯错误，或者表现得很任性，单纯地只是想吸引你的注意力。这时，你不妨先给他一个拥抱，让孩子先冷静下来，然后对孩子说："今天外面下雨，很冷，我们先把衣服穿上好不好？""床上的书整理好了吗？"孩子一般都喜欢在你的怀抱中接受你说的话。每天如此开始，无论孩子还是你都会感到很轻松。

当我们下班回到家中，见到孩子的第一句话，通常都是："今天在学校学到什么了啊？作业写完了吗？"而孩子通常会回答："写完了。"然后就没有然后了。

实际上，这样的回答，是孩子在拒绝你的询问，因为你的问题没有让他感到你对他的重视和真正的关心。但是，假如你在看到孩子的那一刻，就放下你一天的疲惫，先给孩子一个大大的拥抱，孩子会感到你对他的重视，并且愿意和你分享他的生活。

我们可以这样跟孩子说话："你看起来很高兴，是不是有什么开心的事，要不要跟妈妈分享一下？"或者"今天怎么不高兴啊？是不是老师批评你啦？"怀抱中的孩子听到你这样的问话，很少有不把自己的事情倾诉出来的。这时孩子会觉得你了解他或想了解他，而他也希望你了解他。

几乎所有的父母都像我一样，白天为自己的家庭奔波，在外忙工作，回到家还要忙家务，一天到晚，一点空闲的时间都没有。但是孩子却在晚上表现得十分精力充沛，一场不小的"战争"即将在此刻准时地上演。我们都很头疼，其实，孩子是很好满足的，我们哪怕是日理万机，只要每天在孩子临睡前在他床边坐上一会儿，同时给他讲个小故事或者跟他说说话，最后再轻轻地拥抱他一下，孩子很容易就能步入甜美的梦乡。这总比每天拖着筋疲力尽的身子跟孩子进行一场睡前大战要好吧。

拥抱是一种无形的力量，我们通过这一身体接触可以告诉孩子自己永远爱他。因此，在孩子的成长过程中，我们要多给孩子一些拥抱，少一点批评和说教。

06. 做孩子的"加油站"，而不是"泄气球"

有一天我去加油站给车加油，在排队的时候，我突然灵机一闪，想到了一个关于孩子的教育问题。在孩子成长的过程中，他们就像这一辆辆小轿车一样，也需要不断补充能量，不是吗？从孩子呱呱坠地的那一刻起，直至走上社会，每一个阶段都少不了我们的鼓励和支持，我们就如同他们的"加油站"。

去年，学校举行运动会，班上的体育尖子生都报了比赛项目，可是有一个学生态度很反常。他叫范雷，他一进校就被学校选进了铅球队，我以为这次他会承包班上的铅球项目。可是令我感到奇怪的是：在报名表上，我没有看到他的名字。于是，我决定去问问他原因。当我向范雷问及原因的时候，他吞吞吐吐，似乎有很多难言之隐。

我对他说："你不是学校铅球队的吗，怎么不报铅球项目呢？"

范雷像是做了错事一般，把头埋得低低的，小声说："老师，我真的不行，虽然我是铅球队的，但是对手都太强了，我会输的，我会给班上抹黑的。"

我鼓励他说："没事的，重在参与。你要相信自己啊，哪怕没有取得名次，我和同学们也不会怪你的，你尽力就行了。"范雷摇摇头，还是拒绝了我。

我马上意识到范雷肯定是有什么心事，要不然一个铅球队员怎么突然怕参加比赛了呢？接下来的两天时间我通过多方面的了解，终于找出了原因。

原来，有一次，范雷爸爸的单位举行亲子运动会，他对同事吹嘘："我儿子就是学校铅球队的，今天这个项目冠军肯定是我们了！"然而，那天范雷的表现并不好，并没有取得冠军，这让范雷爸爸颜面尽失。回到家之后，他对儿子埋怨说："你根本就不是扔铅球的料，当初就不应该同意你加入铅球队，还耽误学习！"

爸爸的强烈斥责从此在范雷的心里留下阴影，让他以为拿不到好名次就会很丢脸。他害怕面对失败，完全丢失了自信心。

为了能够帮助范雷找回自信心，我找到了范雷的爸爸，希望他能帮助自己的孩子重拾以往的信心。我郑重地告诉他："作为父母，要做孩子的'加油站'，而不是'泄气球'。"或许是孩子的改变让范雷爸爸也意识到事情的严重性，他对我说："我真的不是故意说那些话的，我就是一时冲动，没想到给孩子的影响这么大。老师你放心，我以后会注意的。"

就在校运动会比赛前夕，范雷主动找到了我，要求参加铅球比赛。正式比赛那天，范雷爸爸也来了，而且一直在场边为儿子加油嘴里一直喊着："小雷，加油！你是最棒的！加油，相信你自己！"

最后，范雷取得了铅球第二名。虽然最后并没有取得第一名，但这并不代表什么。重要的是，范雷在爸爸的鼓励下重拾信心，有了前进的动力。

身为父母，我们是孩子的"避风港"，更是孩子的"加油站"，但是我们要如何做好这个"避风港"和"加油站"呢？这就是我们需要学习的内容。没有人天生就会做父母，孩子在成长，我们也要不断学习。也许你会说："做孩子的'避风港'有什么难的，只要他需要帮助，我去帮他不就完了！'加油站'就更容易了，不就是鼓励孩子吗，我平常也做得到啊！"要是父母一直抱着这样的想法，就大错特错了。

我就认识这样一对年轻的父母，他们和我住同一个小区，不同单元。平常我很注意观察周围大人是怎么教育孩子的，所以对有关孩子的话题我都会特别感兴趣。

每个周六的晚上，是小区的"妈妈时间"，很多为人母者都聚在小区的公园里，讨论孩子的教育问题。我提到的那位妈妈，谈到自己的孩子教育就口若悬河，仿佛自己是教育专家一般，她说："其实孩子教育很简单，是大家想得复杂了，还有家长去报什么'家长课堂'，这完全就是在浪费钱。孩子嘛，渴了就喝，饿了就吃，给他物色一个好学校，找个好老师不就完了嘛。"

我笑着对这位妈妈说："你说得简单，计划赶不上变化，在教育孩子的过程中一定会遇到很多问题的，有些做父母的都不一定能完美解决，更何况是孩子们呢？我觉得我们还是应该多了解一些教育知识。"

这位妈妈说："我懂你说的，你是老师，当然会想到很多教育理论的问题。我觉得没必要，由着孩子的天性发展也没什么不好。你不是常跟我们说要多鼓励孩子吗，那我就每天都对他说'你真棒！''加油！'呗。"

我哑然失笑，没想到自己在小区妈妈之间提倡的鼓励教育，竟被这位妈妈理解得这么简单。如果没在最合适的时候给孩子恰当的鼓励，那鼓励的效果在孩子那里就会大打折扣，甚至失去效用。

既然如此，那什么时候给孩子"加油"才是正确的时机呢？我个人认为是在孩子遭遇挫折和犹豫不决时。

我之所以这么认为，是因为孩子在受到挫折时，是心灵最脆弱的时候。这时，他们最需要周围人的安慰和鼓励，特别是父母。假如我们能在这个时候及时地给予孩子鼓励和支持，做他们坚强的后盾，那么孩子就觉得心理上有了满足感和安全感，就会有信心面对困难，从挫折的旋涡里走出来。

犹豫不决的孩子就好像是让自己处于一个十字路口，不知道该往哪儿走，在没有足够的理由选择方向时，他们是无法做出抉择的。这时候，我们就要鼓励他们勇敢的向前迈一步，果断的选择一条路，就算是错误的，孩子也会收获很多有用的知识。如果一直由于不敢前进，则会浪费大好时光，错失机会，对孩子来说得不偿失。

上个月，儿子为参不参加市里举行的演讲比赛征求我的意见，我问他是怎么想的，儿子说："我也不知道，只是老师在班上说了这个消息，我还挺感兴趣的，但是期中考试快到了，我怕没时间准备，而且我第一次参加演讲比赛，演讲稿怎么写，写什么，我都不知道。"

我知道此时的他肯定犹豫不决，于是便鼓励他说："你都还没参加，就开始打退堂鼓了！你不是对演讲很感兴趣的吗，上次妈妈给你看《国王的演讲》这部电影，你不是还很感动吗？复习的时间你可以合理分配，我觉得问题不大，至于你担心的问题，你可以去隔壁问婷婷姐姐啊，她不是拿了她们学校演讲比赛的第一名吗。"

儿子的脸上难掩兴奋："这么说，妈妈同意我参加啦？"我郑重地点点头，表示十分支持。

接下来的几天里，虽然看到儿子很辛苦，一边要忙着复习，一边要背演讲稿，但是我可以感觉出他的用心和快乐，我也没有主动帮他，因为他既然选择这样做，就要为自己的选择负责，而我只需要在他泄气时给他"加加油"，并且注意他的身体就行了。

我们在平常生活中一定要多观察孩子的内心，找出时间和孩子进行感情上的交流，当你发现自己的孩子突然失去动力时，一定要及时为孩子"加满油"，让他有更充足的力量朝着正确的道路前进。

第二章 爱，是无条件的接纳，
并着眼于光明处

孩子大多不是生来就优秀的，给他们太大压力只会适得其反，所以不妨正面引导孩子有方向地努力。聪明是认可孩子的天分，努力是肯定孩子的态度。用赏识的眼光去发现孩子的"光明处"，鼓励他们为了更好而努力便好，相信每个孩子都能成才，因为被温暖、掌声和爱包围的孩子无畏、无惧。

01. 优秀就是每天进步一点点

几天前，我在一个电视访谈节目里看到关于"篮球飞人"乔丹的访谈。乔丹跟记者讲起了自己小时候的故事。

乔丹小时候非常喜欢打篮球，他希望自己能长得非常高，可以像大卫·汤普森一样当个闻名全球的篮球巨星。在那段时间，乔丹总是问妈妈："妈妈，我能长得很高吗？"面对小乔丹天真无邪的问题，妈妈总是面带微笑地说："当然了！你可以长得跟大树一样高呢！"就这样，乔丹从小就在妈妈的激励下，对篮球充满了梦想。

1972 年的一天，在看完慕尼黑奥运会的一场比赛之后，乔丹兴高彩烈地冲进厨房，激动地向妈妈宣布："妈妈，有一天，我也要参加奥运会，我也要拿金牌，让您在电视上看见我！"妈妈听到乔丹这番"大话"，高兴地对乔丹说："孩子，妈妈相信你！你一定可以的！我们就朝着那个目标努力吧！"

从今往后，在母亲的激励下，乔丹开始为实现自己的理想而不断地努力。虽然在中学阶段他经历了很多打击，但他从没有气馁和放弃，因为有妈妈这个坚强的后盾。终于，乔丹在妈妈的激励和欣赏下，每天进步一点点，实现了一个又一个目标，最终成为了 NBA 最伟大的球星之一。

如今，乔丹已经实现了儿时的梦想，成为了全球闻名的篮球巨星。他在采访的最后，给记者说了这样一段话："我能有如此的成就，除了有精湛的技术外，最重要的一点就是源自妈妈对我的激励和欣赏，让我能不断进步，成就现在的我。"

可以说，乔丹的优秀一方面源于他对篮球不断地追求，让自己进步，一方面源于妈妈的不断激励和欣赏，正是这两方面的因素结合作用，使他不断上进。优秀不是天生的，而是每天进步一点点。身为父母，我们不能苛求孩子一出生就优秀无比，而是应该向乔丹的妈妈一样，通过激励和欣赏孩子，让孩子每天进步一点点，优秀自然来。

在这方面，我虽谈不上如乔丹的妈妈那样真知灼见，但对于儿子的培养，我同样是不苛求他立刻变得优秀，而是通过欣赏他、鼓励他，让他一点点变得优秀。

在儿子进入学校的第一天，我就告诉他一个秘诀，我对儿子说："你可以不是最优秀的，但你却是最进步的，只要每天都在进步，妈妈会永远支持你。"

在我的激励下，每次老师提问，儿子都是第一个举手发言，想要做到这一点，儿子必须要对老师讲过的内容熟记于心，还要紧跟着老师的思路走，不停地思考。时间一长，老师对儿子留下了非常深刻的印象。不管他是举手回答问题，还是举手提出自己的疑问，老师总是很乐意让他发言。由于儿子的上进心，在学习成绩和平时表现上远远超过了其他同学。

翻看了很多家教书籍和教育经典，我又通过自身教育孩子和学生的经验，总结出要让孩子每天进步，我们可以从以下几点入手。

第一，给孩子订下一个小目标。

先给孩子订一个容易达到的小目标，让孩子感受到成功的喜悦，增强孩子的自信心，激励孩子上进。

在我的身边，常常遇到很鲜明的例子。每到孩子升学考试的时候，即孩子和父母战争大爆发时期。有的父母认为自己的孩子很聪明，在没有完全了解孩子实际情况的时候，就让孩子报考重点班或者重点院校。而有些父母则主观认为自己的孩子学习能力不行，非常不看好自己的孩子，结果在父母不抱任何希望的情况下，孩子也受到了影响，本来能够努力一下考进重点班或重点院校的孩子，最后进了普通的学校，过着父母心中普通的生活。

当然，我说的这种事情并不是绝对的，普通班也有很多出色的学生，不出色的学生到了重点班，经过努力也能变得出色。如果能够让事情朝着更好的方向发展，更容易增强孩子自信心的事情，我们为什么不做呢？

我们如果一开始就了解孩子的实际情况，根据孩子的个性和学习潜力为他选择一个合适的班级或学校，那孩子无疑会获得更大的成就感，成功的几率也会增加。

我有一个朋友的儿子已经上初三了，在班里的学习成绩一直是中等，按历年的升学规律来看，这个孩子上一般的高中应该没有什么问题。一天，这位朋友拿来了好几个普通高中的学校简介，让我给他的孩子当个参谋，当时离中考还有五个月的时间。因为是很好的朋友，我也没有推辞。

看了几个之后，我突然问他："你为什么不让你儿子报重点高中呢？"

他以为我在开玩笑，马上摇摇头说："他不行，就他那样的成绩，能上一个普通高中就不错了！"

我并不同意他的看法，因为他的儿子曾经流露过想要报考重点高中的想法，但是被朋友的漠视给打消了，而且对那个孩子的情况我也有些了解，他很聪明，综合能力也不错，只要多付出一些努力，是能进更好的学校的。

最后，我劝说朋友回家鼓励孩子考重点高中，就算朋友认为考不上，不是还能选普通学校吗？不用担心孩子没学上，就算给自己一个期望，给孩子一个进步的机会！

朋友一直很相信我的教育方法，所以回去后，他就不断地试着激励孩子考重点高中。几个月后，朋友孩子中考的成绩下来了，过了重点线5分。

后来，朋友特意邀请我去他家做客，席间他对我说："真是谢谢你啊！现在孩子不但进了重点高中，就连性格都变得比以前开朗了。这件事情给了他很大的自信心，他还说要考重点大学呢！我相信他只要努力就一定能考上。"

我个人并不觉得有什么值得朋友道谢的，因为是他给了自己孩子成功的机会，因为他的激励，孩子有了自信和动力，并通过自己的进步获得了成功。

第二，帮助孩子分析受挫的原因。

针对那些受过挫折的孩子，当他们出现不思进取、得过且过的迹象时，我们可以让他们回想一下曾经取得的好成绩，告诉他们，失败只是暂时的，只要每天进步一点点，就能成功。然后帮孩子分析成绩下降的原因，比如：生病了耽误功课，或者沉迷电脑游戏耽误了休息等等。然后根据具体的原因，对症下药，慢慢改正。

第三，培养孩子的特长。

每个孩子都有自己的特长，只要我们耐心地发现。我们可以从孩子的特长入手，激励孩子肯定自己，先为孩子树立进取心。比方说，孩子喜欢弹钢琴，我们就要多激励孩子，只要孩子努力，有一天会成为下一个郎朗，下一个马克西姆。

虽然现在我们的孩子还不够优秀，但是只要我们激励孩子进取，那么他们离优秀也就会越来越近。用最正确的方法激励孩子接近优秀，那么孩子就不会让我们失望，我们又何乐而不为呢？

02. 把"笨小孩"培养成"天才"的方法

身为一个母亲，同时也是一名老师，我一直很努力地学习教育孩子的各方面知识。在学习过程中，我在一本教育孩子的书籍上读到爱迪生母亲南希教育孩子的方法，对此，我非常欣赏和赞同。南希不仅仅把被所有人认为"有问题"的孩子——爱迪生培养成为人类最伟大的发明家，还把自己的育儿经验留给了我们，我认为她是一位非常可敬的母亲。

关于爱迪生的故事，我想绝大多数的父母或多或少都有一些了解吧。在爱迪生还在读小学时，他被学校的老师说成"低能儿"，被同学嘲笑"傻子"，但他的妈妈南希却对他说："爱迪生虽然很淘气，但他却是这个世界上最可爱的孩子，他会做小东西，我很欣赏他。"

我相信，这个世界上没有哪个父母是不爱自己的孩子的。但是，对孩子的爱也要注意分寸，稍不注意可能适得其反，明明是爱，反而变成了害。那什么样的爱才是正确的呢？最重要的一点是要像南希那样发自内心的欣赏孩子、肯定孩子、鼓励孩子，给孩子创造一个积极乐观的成长环境，这样才能让孩子依靠自己的努力获得成功。南希用事实向我们证明，把"笨小孩"培养成"天才"的唯一方法就是：欣赏和鼓励他。

我认识一个人就曾运用了南希的这一方法，让自己的孩子丢掉轮椅，成功地站了起来。

小齐是我朋友的侄子，一年前因为一场车祸，双腿失去知觉，出院后，只能依靠轮椅生活。小齐原本是个性格非常开朗的孩子，经常和朋友们一起踢足球。可是，自从不幸降临在他身上，他性情大变，不爱说话，更不愿意见人。就算偶尔出门透透气，也要躲在人少的地方，不想被别人看到。

在很长的一段时间里，小齐就像跟大家"捉迷藏"一样，不愿出来，甚至还退了学。但是，大半年后，偶然一次在同事家里发现小齐有了变化。他开始愿意和人交流了，而且笑容也多了起来。现在，小齐开始主动找人说话，脸上也没有了阴郁的神色。

我知道这个孩子的身上一定发生了什么神奇的事情，要不然他不会这样转变如此之大。而且有几次在公园里，我还看见小齐试着从轮椅上站起来，扶着爸爸的手想要练习站立。

看着孩子脸上因为忍受疼痛而流出的汗珠，真是心疼。这时，他总是冲爸爸微笑，对他爸爸说："爸爸，别担心！我自己可以的，你看我是不是很棒！大家都说我是超级能量源，是很了不起的男子汉！我不能让大家失望啊！"

后来有一天，小齐的父母邀请我们一家人参加小齐的生日宴。吃过饭后，孩子们都去了小齐的房间玩。我忽然想起了小齐的转变，就好奇地问小齐的父亲。

小齐的父亲笑笑说："其实小齐能有这么大的转变也是我没有想到的，刚开始看到孩子变成那样，我们又心疼又着急，但我想这是我的儿子，他无论变成什么样，都不会阻碍他成为一个顶天立地的男子汉。我每天都会鼓励他，即使一个很小的优点，我也不会放过，一开始我的想法很简单，就是想让孩子想开点，别做傻事就行了。没想到这个方法这么管用，孩子现在又变得自信起来，也不怕和人说话了，也愿意积极配合医生做康复治疗。现在，他还试着自己发明一些小东西，前一阵子他的发明还获得了市里的'小发明家'特别奖。昨天他还说，自己要像爱迪生看齐！"

听完小齐爸爸的话，我对这位父亲的敬佩又多了几分，他做了一个父亲最应该对孩子做的事情，那就是不遗余力的欣赏。当孩子正在遭遇常人无法体会的痛苦时，他们需要的不是同情和怜悯，而是欣赏和鼓励。

正是由于小齐爸爸这种点滴的欣赏和鼓励，让小齐的世界渐渐充满阳光。现在的小齐，虽然还不能像正常人一样行走，但是，他已经可以摆脱轮椅，站起来慢慢走路了。我相信，总有一天，小齐一定会成功站起来的。

也许小齐的父亲不能像爱迪生的母亲南希那样，把自己的孩子培养成一个伟大的发明家，但他和南希一样伟大，让孩子在欣赏中前进。

通过长时间地观察和了解，我发现中国很多父母都不太擅长表达对孩子的欣赏。虽然我们是一个比较含蓄的民族，但是在教育孩子的问题上，我们绝不可以含蓄。对于孩子提出的那些天马行空的问题，更不应采取敷衍了事的态度，在这一点上我们应该向爱迪生的母亲南希学习。南希用事实向我们证明，把"笨小孩"培养成"天才"的唯一方法就是：欣赏他。

爱迪生小时候是个求知欲特别旺盛的孩子，只要是他不了解的事情，都要问一个"为什么"，这也让爱迪生的老师感到很为难，老师不知道爱迪生是真的好奇，还是故意想给自己难堪。但是，爱迪生的母亲对儿子的提问却积极的应对，并经常鼓励爱迪生，还和爱迪生一起思考问题。

有一天，小爱迪生拿着鸡蛋问母亲："妈妈，为什么鸡蛋会孵出小鸡呢？"

母亲对爱迪生微微一笑，开始给儿子讲解母鸡孵小鸡的原理。没想到下午的时候，爱迪生就跑到邻居的家里，拿几个鸡蛋放在屁股下，开始一本正经地孵鸡蛋，害得家人找了他半天。

南希在日后谈到这个问题时说："爱迪生从小就是一个好奇心极强

的孩子，时常会提出一些让人摸不着头脑的问题，但是我从来不觉得他的那些问题很愚蠢。我想，孩子对这个世界都是充满好奇的。"

南希说的没错，孩子对这个未知的世界是充满好奇的，如果孩子的这种好奇心被我们无情地扼杀在摇篮里，就好像使用一块黑布蒙住了孩子的双眼，不仅让孩子失去了求知欲，也许还会阻碍孩子成功的道路。

我们不能只顾着给孩子提供经济保障，更应该关注孩子的内心世界，我们要善于欣赏孩子，鼓励孩子，经常发现他们的长处，对于他们天生的好奇心和求知欲，我们一定要尽力满足。这样不但能够发掘出孩子内在的潜能，还能拓展他们的知识面，增强他们学习的兴趣。

记得上个学期，我去一个学生家里做家访，这位家长一见到我就叹气说："我看我这个孩子以后是成不了什么大气候了，我都跟他说过多少遍了，不要看那些闲书，他就是不听，甚至大半夜打着电筒在屋里看，他还想当作家不成！"

我知道这个学生最近迷上了看小说，这也是我这次家访的主要目的。我对这位家长说："其实，孩子能有一件事情专注的去做，是值得我们高兴的事情，说明他对这件事有热情。以后当作家也很好啊，但是，如果稍加引导，说不定未来的诺贝尔文学奖就有他的名字呢！"这位家长有点茫然地看着我。

我笑笑说："从今天开始，你不妨试着鼓励和支持孩子这个兴趣，让他光明正大地看书，鼓励他写写文章，写写小说！说不定还能在杂志上发表呢。"

这位家长了然地点点头，而且真的照我说的去做了。之后的一段时间，这名学生上课的时候很专心，下课就抱着自己感兴趣的小说看，节假日还自己创作了不少短篇小说呢。

几个月后，他竟然真的在杂志上发表了自己的连载小说，还拿到了一笔稿费。我在班上点名表扬了这个学生，他也为自己的成绩感到骄傲。

我很替这名学生自豪，同时也欣慰他有欣赏他这项兴趣的父母，我想这中间父母的作用是至关重要的。孩子不能对自己做出最正确的评价，这时他们就需要父母的欣赏和赞同，还有正确的引导，这样他们就会不断地拥有自信和探索的力量，然后攀至成功的顶峰。

03. 有一种伤害，叫"别人家的孩子"

"你看看隔壁家的环环，学习多自觉啊！""你看看，王阿姨的儿子已经去法国留学，还拿到全额奖学金。""我怎么生了你这个不争气的东西，你怎么就不学学人家孩子，学习好，还听话，不让家人操心。""你看看你姑妈家的表妹，钢琴过了10级，你还不如她的一个脚指头……"

有这样一种神奇的生物，他们乖巧听话，他们聪明能干，他们几乎没有缺点。他们上课从不迟到，他们考试永远得第一……他们有一个共同的名字，叫做"别人家的孩子"。经常地，父母总是喜欢拿自家孩子和"别人家的孩子"比较，并常常对自家的孩子有 种恨铁不成钢的失望与焦虑。

我曾问过很多家长："为什么要拿自己的孩子和别人的孩子比较？"得到的回答是：为了给孩子树立榜样，激励孩子奋发努力。你以为这是一种极好的激励，但事实上"别人家的孩子"只会带来对孩子自尊心和自信心的伤害。

这是发生在我身边的一则真实故事：

前段时间我回老家时碰到一位朋友，她跟我住一条街，比我小一届。好久不见了，就顺便一起吃了个饭，不知怎么地就聊到小时候的事。后来她说了一句话，我特别惊讶，她说："你知道吗？我小时候特讨厌你"。我当时就愣在那，因为我跟她是并不是同学，甚至都没怎么在一起玩，她怎么会讨厌我？最后聊到原因，我怎么都猜不到，居然是因为她妈经常在她耳边说："你看，人家怎么怎么样，你怎么就不能跟她学学呢？"这位朋友说："好长一段时间你的名字都成为我的魔咒，只要谁提到这个词，我就烦燥，而且特自卑，觉得自己做什么都不对，做什么都不行，因为前面总有一个特别优秀的你。所以，我高中时特讨厌你，我妈让我找你去帮我温习功课，可是我那么讨厌你，怎么可能去找你，成天跟她谎话连篇，最后连大学都没考上，就只能出来打工了……"

这位朋友过得确实不太好，高中一毕业就在一家省会的服装厂做普通的计件工，工作勉勉强强糊口罢了，她总是对自己不满意，对自己苛责和评判，听说最近刚刚离婚带着一个孩子。她刚过三十岁，看着跟快奔四十的一样。我没想到，小时候我的名字和事迹会带给她这么大的伤害。在咨询工作中，我也发现每个自卑的孩子背后都有一个故事，几乎所有问题都来源于童年时家长对孩子的指责、评判，尤其是比较。

我相信很多父母是非常爱自己的孩子，可能因为文化和传统的原因，父母们希望孩子更优秀，所以会经常拿别人家的孩子来鞭策自己的孩子，或者是不让孩子骄傲。但当自己最亲近的人也觉得别人家的孩子比自己好的时候，孩子被爱、被赞许、被保护的基本心理需求没有得到满足，便会觉得自己不够好，这种错误的认知和信念会一直影响成年以后的所有工作、生活以及亲密关系中的行为。

由于家庭背景、成长经历等众多原因，孩子成长的差异是很大的，所以在可乐成长过程中，我会经常夸奖别的孩子，目的是也让他学会欣赏别人的优点。但我在夸奖别人的同时，却很少拿他做比较，因为每一个孩子都是独特的。这种正面管教所带来的是好处是，一个被父母充分信任和鼓励的孩子，内心会充满自信，这份自信的力量能够帮助孩子相信自己有价值，并提高他做事的能力。

我记得可乐三岁半的时候，一个朋友带着自家的孩子来家里玩。可乐比朋友的孩子皮皮大一年，自理能力不错，所以朋友总是夸可乐，"你怎么这么不听话，你看可乐……""可乐吃饭真好，你看你……"结果是，两个小家伙总是打架，确切地说，可乐总是被皮皮打，而且皮皮还经常发脾气。我们后来观察了一下，每次皮皮推可乐或者动手，都是在朋友夸过可乐以后。再问皮皮，果然了解到，原来皮皮觉得爸爸妈妈总夸可乐，却老是指责自己，就很生气：你爱别人的孩子，不爱我，所以我很受挫，不被理解。孩子不懂得怎么很好的处理情绪，所以才会对可乐动手。

对此朋友也很郁闷，"我注意到了，你也在夸我家皮皮呀，为什么可乐没出现这些问题？"

　　我的这位朋友是画家出身，俗话说"虎父无犬子"，皮皮小小年纪就展现出画画的天赋，作品经常在幼儿园获奖，令我羡慕不已，但我不会当着可乐的面说："你看皮皮画画得多好，你看你画得这是什么啊。"我深知这种负面的指责、训斥百害无一利，所以我会使用一种正面管教的方式，比如说："你看皮皮画得多好啊，你的画也很不错噢。"我会允许孩子自由想象，画什么都不重要，重要的是他经常会通过他的画告诉我画的内容，这其实也是一个非常好的了解孩子的方式。

　　在日常生活中，我更是如此："你看 XX 吃饭吃得真好，我们也很棒，也像 XX 一样大口大口地吃，真棒！""XX 学习真好，总考第一名。不过，你也很好，你的作文写得流畅。咱们下次要不要努力把数学也加加油呢？"所以，可乐总是很自信，相信自己有能力，相信凡事只要自己努力一定会做得很好。渐渐地，他吃饭越来越棒，数学成绩提高了不少，同时他还一直坚持画画，而且也越画越好……

　　孩子自生下来以后是很弱小的，他需要靠着父母这棵大树才得以存活成长，他们不仅需要生理的营养，同时也需要心理的营养，比如：建立安全感、自尊；不断地肯定和爱。未来才会身体健康，人格健全。所以，父母们要尽量放下焦虑，努力去发现自己孩子的优点、闪光点，多具体地夸奖自己的孩子。

　　多给孩子一些鼓励、拥抱和有力量的爱，这是帮助孩子成长的最大动力。相信，只要我们父母做出一些积极改变，你会发现孩子会发生不可思议的变化。

04. 欣赏的掌声，是全世界最美好的"乐章"

上帝给人类创造一双手，不仅是让我们努力劳动、用汗水换取成功，而且还要用掌声为其他人送去奋斗的力量。而作为父母，我们也不要吝啬自己的掌声，欣赏的掌声对孩子而言，是全世界最美好的"乐章"。

我曾经在微博上看到这样一个实验：

有一位心理研究学家做了这样一个实验：他把学生们分成三组，分别由三个人带到三个不同的房间。他对第一组学生进行表扬和赞美，并表示非常欣赏他们的能力；对于第二组学生，他不闻不问，任他们自由发展；对于第三组学生，他不断地进行斥责和批评。

通过一段时间的实验，这位研究学家发现，进步最迅速的是第一组经常受到表扬和赞许的学生，其次是受到斥责的那一组学生，而完全被忽视的那一组学生还在原地。

看完这个实验我想了很久，其实在我们周围，存在很多上述实验中的现象。身为父母，我们对孩子不是打骂就是斥责，亦或者"放养"孩子，对孩子采取欣赏教育、肯定教育的父母屈指可数。于是，我决定在自己的班级做一个小小的关于欣赏的实验。

郭强是我班上的一个男生，性格及其腼腆，和同学们相处的也不是很融洽。一次班会时，我让班里所有的同学都说一条郭强的优点。

刚开始，大家面面相觑，没有一个人站起来说，郭强也很尴尬，脸一直红到耳朵根儿。我看了一眼他的同桌张敏伟，也许是感受到了郭强的难堪，张敏伟站起来大声说："每次吃午饭的时候，我都抢郭强的肉吃，他也不跟我计较，我很感谢他。"

班里的同学都被张敏伟的这句话逗得大笑起来，原本有些尴尬的气氛瞬间变得活跃。这时，又有一个同学站起来说："每次轮到郭强做值日，教室里都特别干净！"

"上次体育课打篮球，我不小心撞了腿，是郭强把我背到医务室的！"一个同学也站起来大声地说。

"老师，由于全班同学的作业本太多，我一个人拿不下，每次都是郭强帮我送到老师办公室的，我很感谢他。"一个女生站起来说。

我看到郭强慢慢地抬起头，原本失落至极的脸上露出了难得的笑容，我甚至可以看到有眼泪在他的眼眶里打转。

接下来的那个学期，每次上课前五分钟，我都会点名一个同学说出班上任意一个同学的优点。自从举行这个小活动后，班上同学的自信心大大增加，班集体也变得越来越团结了。特别是那些原本内向、含蓄的同学，变得开朗了许多。

孩子的心灵都是很脆弱的，有些话可能我们不觉得有什么，但是孩子听到了会对他们的心灵造成伤害。经常欣赏、表扬孩子不仅可以增加他们的自信心，而且能改变一些他们的坏习惯。然而，来自最亲的人的欣赏和来自外人的欣赏，孩子的感受是大大不同的，越是亲近的人表示欣赏孩子，对孩子的影响就越大。

我在对学生进行家访的时候，经常对家长说要多欣赏孩子，而家长们对我说的最多的话就是："老师，我们孩子最听您的话了，平时您多费心，多表扬表扬他，我们的话他根本听不进去。"

其实，孩子最需要的不是老师的表扬，而是家长的欣赏，能够得到最亲近人的欣赏，对他们而言无疑是最具有能量的动力，而父母的欣赏往往会给孩子带来意想不到的作用和影响。

有一次，我邀请一个朋友到我家做客，朋友把他的儿子豆豆往我面前一推，对儿子说："你这孩子完全没法儿带了，我干脆把你送给阿姨算了，你看阿姨家的哥哥多听话，干脆让阿姨来教你！"

看着一脸哀怨的豆豆，我也有些为难。豆豆虽然说很调皮，但却是个内心很善良的孩子。豆豆之所以会这样，是因为朋友没有把准豆豆的"脉"，两人一直不对路，经常搞得家里鸡飞狗跳，豆豆挨打更是家常便饭。

于是，我让豆豆和儿子先去房里里玩。我问了朋友一些情况，可是朋友传达给我的全是对孩子的抱怨，从出生到现在，从上学到回家，从生活到学习，就没有一点她满意的。

我问她："难道豆豆真的如你所说的那样一无是处，一点优点都没有吗？"

朋友斩钉截铁地说："没有，绝对没有！哪怕有那么一丁点儿我就烧高香了，这孩子天生就是来折磨我的！"

我对她笑了笑说："我看不见得吧，你看豆豆刚刚进门的时候，主动跟我打招呼，换了鞋还自己把鞋子收好，光这一点大部分孩子都做不到呢。"

"她那是在外人面前，她在家可不是这个样子。"朋友摇摇头说。

"是吗？就算她是做样子给我看，我听说豆豆在学校还是学习委员呢，成绩这件事情，总做不得假吧。"我带点责备语气地看着朋友。

　　她显然已经明白我话的意思，变得沉默起来。我趁热打铁地说："豆豆这个年龄段的男孩儿调皮捣蛋很正常，不是孩子教不好，而是你的方式方法出现了问题。从明天起，你要试着表扬他的每一个优点，哪怕只是随手关灯，都可以表扬。我听说明天下午他有一场篮球友谊赛，你要去做观众，到时无论孩子在场上的表现如何，你都要时刻为他欢呼！"

　　朋友听从了我的建议，第二天下午去观看了豆豆的篮球比赛。我不知道朋友是不是真的在比赛的过程中为孩子呐喊了，但比赛回来后，他们母子的关系明显缓和了好多。

　　后来，朋友微信告诉我，她自从那场足球比赛后，努力克制对孩子的抱怨，尽量去称赞孩子，现在豆豆和她的关系变得越来越和谐，学习成绩也好了很多，闯祸的次数也少了。

　　通过朋友母子的事情，我再一次证明了父母的欣赏对孩子来说是多么的重要。假如在孩子整个成长过程中，我们都不断给予孩子掌声和肯定，那么我相信这样成长起来的孩子一定非常优秀。

　　如今，我听到最多父母们的口头禅是什么呢？

　　"唉，我这个儿子实在是太迂腐了，脑子都不知道转个弯儿！"

　　"你是怎么回事儿，怎么这么笨呢！"

　　殊不知，孩子的创造力和想象力是我们夸出来的，我们的掌声就是孩子蜕变最好的催化剂。在孩子进行创造性活动时，及时有效地给予他们鼓励和赞赏，你就会发现：有时你的一个满意的点头或者毫无保留的热烈掌声，就可以照亮孩子的世界，为他带来巨大的自信和创造力，孩子也会投入更多的热情和信心在上面。

在孩子面前有两扇大门，一扇背后是成功，一扇背后是失败。不管孩子打开哪扇门，父母都应该做孩子坚实的后盾，给他们掌声和鼓励。即使孩子失败一万次，只要父母相信孩子，鼓励孩子，那么下一次成功的几率会大大增加！掌声，是父母给予孩子人生之路上最宝贵的财富。

05. 欣赏孩子，请从信任他们开始

我的班上有个男孩叫周飞，他的数学成绩非常优秀。我给同学们成立了互助学习小组，并让周飞当小组组长，辅导数学水平比较差的学生学习。

有一天，周飞的妈妈到办公室找我说："你们班那个学习小组根本行不通，挺浪费时间的。"我耐心地跟她解释："周飞的数学很好，解题思路也好，在帮助同学的同时也能提高自己的能力。"

周飞妈妈急了："你们这不是给孩子制造恋爱的机会吗？"我一问才知道，原来周五下了晚自习以后，周飞很晚都没回家，他妈妈去学校找他，迎面撞见周飞和一个女孩有说有笑地走过来了，周飞妈妈特别生气，连拉带拽地把他带回了家。

我找到周飞了解情况，周飞直呼冤枉，"老师，她是我的组员，那天我们一起讨论数学题，忘了时间，一起走的时候没想到让我妈看见了，真倒霉。"周飞的脸都涨红了，我拍拍他的肩膀说："老师相信你，我会跟你妈妈说明情况的。"

之后我给周飞妈妈打去电话，说道："你误会孩子了，他们之间只是正常的同学往来，你应该信任他，事情并不是你想的那样。"

在没有弄明白事情真相时，我们不能以自己的"想当然"来教训孩子，否则只会使误解越积越深，打击孩子的自尊心，让孩子心生埋怨。

孩子从懂事开始，就有了独立的思维，跟我们一样，渴望被理解、被欣赏、被信任，我们不能忽略他们的这种渴望，足够的信任才能让我们和孩子成为真正意义上的朋友。

一些专家经过调查发现，孩子们对父母有一种特殊的信赖感，他们把父母看成学习上的良师、道德行为的标杆和生活中的参谋，孩子想要和父母平等地交流，也想让父母信任他们。孩子会认为：只有得到父母的信赖才是可靠的。

我曾经在一本杂志上看到这样一个故事：

美国有一个青年特别看好电子商务这个领域，他下定决心要在这个领域发展自己。可是他没有资金，怎么办呢？他想到了父母，当时他的父母有30万元养老金。当他向父母说明他的用意后，他的父母只商量了一会儿，就取出支票交给儿子，并且说："我们不了解互联网，但是我们了解、信任你——我们的儿子！"这个青年果真没有辜负父母的信任，在互联网的世界独创出了一片天地。他就是当今个人财富高达105亿、全球知名的亚马逊书店的首席执行官——贝索斯。

我不能说贝索斯的成功完全是归功父母，但他父母对他的信任确实给她带来了无穷的精神力量。说到这里，也许有的父母会说："要是我的孩子创业，我也会给他钱的。"这一点我绝不怀疑，但是除了钱，我们还能给孩子些什么呢？

由贝索斯创业成功的案例，我联想到目前孩子们的家庭教育状况，我们给孩子提供了那么好的物质条件的同时，是不是也要问一下自己：我们究竟给了孩子多少信任和欣赏？父母对孩子缺乏信心是生活中比较常见的现象，即使经常嘴上说信任孩子，能用实际行动证明的却寥寥无几。

我在网上看到一个孩子的博客，他叫徐亮，从前是个比较贪玩的孩子，经常跟朋友一起打球或者出去玩，很晚才回家，功课也是门门"亮红灯"，他的状态让父母很担心。父母双双下岗以后，徐亮一下子懂事了，他觉得对不起父母，开始认真学习起来，下课就缠住老师问不懂的问题，连回家的路上都在记单词。

一天下了晚自习，徐亮感觉身后有人跟着自己，他故意走到一家灯火通明的小店门口，通过玻璃窗发现跟着他的人竟然是父亲。徐亮什么都没说，回到家他不经意地问："爸、妈，你们是不是不相信我？"母亲马上说："怎么会呢，你是我们的好孩子，我们怎么可能不相信你。"

话虽这样说，父亲还是每天都"监视"他，这让徐亮的心里很不舒服，他终于忍不住了，父亲再次跟踪他时，他转身叫了父亲一声，父亲很尴尬地说："我就是看看你到底是不是上自习了。"徐亮非常伤心，父母的做法就像泼了一盆冷水，浇灭了他刚刚燃起来的学习热情。

"我很难过，难道这就是爸爸妈妈给我的信任吗？就因为我以前比较贪玩，在他们心目中就一辈子都是贪玩的孩子吗？"徐亮的心声让我也为之叹息。

只在嘴上说对孩子有信心，却没有在行动中体现出来，这就是徐亮父母的错误。像徐亮这样的孩子，成绩上不去，自信心屡屡受到打击，心里会很烦躁，这时需要父母不断给他加油打气，鼓舞他的信心。当孩子意识到自己该好好学习时，我们更应该拿出十足的信任来支持孩子，而不是用那些疑问和否定的言语和行为去伤害孩子的心。

回忆我的成长之路，我对父母充满了感激。他们也盼望我能有好成绩，考上重点大学，可是他们从没在学习的问题上过多地要求我，给我任何压力。不是他们不关心我，也不是那时考试简单，就是因为他们充分地相信我。我成绩好的时候，他们不会让我受宠若惊；成绩差时，他们也不会让我无地自容。我就是在他们营造出的轻松氛围里，以平和的心态应对学习中的重重困难，最终考上理想的学校，成了一名人民教师。

正是我父母的教育方式给我上了生动的一课，在教书育人的过程中，面对那些性格有些怯懦的孩子，我充分地让他们感受到了我的信任和欣赏。

记得一次上课，我想找同学朗读课文，我们班有个平时不爱说话的孩子叫全金，我刚点到他的名字就有学生偷偷地笑，还有个别同学干脆对我说："老师，别叫他了，他不行。"全金更是胆怯地看着我，可是我相信他能行，也能和其他孩子一样表现自己。我用赏识的目光注视着他，并对他说："你带着同学读课文，老师和你一起念。"

全金犹豫地站上讲台，小声地念了两句，而且还没念完就跑回座位上，把头深深地埋下去，引来同学们的一片哄笑。这时，我对学生们说："全金刚才有勇气站到讲台上，让我们为他鼓掌！"同学们都很配合地鼓起掌。

到了第二节课，我发现全金的手想举又不敢举，便面带微笑地看着他。过了一会儿，他的手终于举起来了，我马上用鼓励的眼神示意他，他小声地说："老师，我想再朗读一遍课文。"听到他的话，我带头鼓掌，全金在热烈的掌声中又一次站上了讲讲台，虽然还是很羞涩，但是我相信，他已经从自卑的心理障碍中解脱出来了。从此以后，全金以崭新的面貌出现在班级里，也不再那么害羞了。

信任就是一种欣赏，居高临下的教育是苍白的，是不被孩子认可的。如果给了孩子足够的信任，即使孩子遇到困难和挑战，他们也不会退缩，反而会迎难而上，将困难转化为动力。

我有一个朋友，把她的小女儿西西视为掌上明珠，西西10岁了，朋友还是不肯放手让她独行，连离家只有百步之遥的地方都不让她去。朋友有自己的想法：十字路口车多人多，万一有危险怎么办？万一出现突发状况，孩子没办法应付怎么办？过马路时，西西几次想挣脱朋友的手，都被她硬拉回来了。

一次，西西提出要去中央书店看书，朋友没有答应，孩子很正式地说："妈妈，相信我一次吧，不会有问题的。"朋友面对西西祈求的语气，决定给孩子一次机会。3个小时以后，西西高兴地回来了，脸上洋溢着自豪的笑容。我朋友意识到西西长大了，力所能及的事情就让她自己去处理。有时朋友还会把一些重要的事情交给西西办，她都完成得不错。西西充分体会到了妈妈对她的信任，变得懂事多了，愿意跟妈妈说知心话，两个人成了好朋友。

对孩子信任，把他们当成朋友，能够激发孩子心中的内在动力，他们会在父母充满信任与尊重的目光中独自面对挑战，并一步一个脚印地走向成功，实现他们心中的理想自我。信任能产生奇迹，欣赏孩子，请从信任他们开始。

06. 如果你能发现孩子的 10 个优点，
你就是优秀的父母

几年前，我在一本书上看到这样一个引人深思的故事：美国有一位老师，她有一个非常胆小自卑的学生。有一天，老师给大家布置了一篇作文，要求语句通顺，感情真挚。第二天，她批改作文的时候，看到有位学生的作文写得很一般，语句不通顺，逻辑也很一般。但是，她依然在这位同学的作文本上批了三个字："非常好！"仅仅三个字的评语让那个学生非常激动，他从此走上了文学创作的道路。尽管很多年后，人们已经记不得这位老师的姓名，但是他所发现的学生——美国著名作家马尔科姆·多尔考夫，却被人们永远记住了。

我想通过这个故事告诉所有像我一样的父母或老师，我们要欣赏每一个孩子，特别是那些能力没有那么强，自卑胆小的孩子。我们要试着发现他们身上的优点，并且告诉他们：你很优秀。有句话俗语说得好"优秀的孩子是夸出来的"。孩子经常听到夸奖，能让他们认可自己，变得自信，有学习的动力，而且还能拉近孩子与我们之间的关系。

相反,如果我们经常批评、苛责、怀疑孩子,会让他们缺乏学习的动力。时间长了,会影响他们的上进心,产生自卑、精神紧张、焦虑的情绪。不仅如此,还会影响孩子与我们的关系。不管怎样,欣赏总是散发出迷人的魅力。

身为父母,我们要欣赏孩子,努力地在生活中发现他们的优点,在他们很一般的表现中发现他们的长处,还要在恰当的时机表扬孩子。只要你做到了,那么,你一定会创造出令人难以置信的伟大教育奇迹。

记得在儿子上幼儿园时,有一天,我外出办事,留下他和丈夫在家。我走后,儿子无意中发现家里壁橱上有几瓶颜料,于是就找来画笔,给他的玩具画画,结果把客厅弄得又乱又脏。我回到家的时候,并没有责骂儿子把屋子弄得这么脏乱,而是很真诚地拿起儿子的画作赞赏道:"哇!这是谁画的小狗啊!怎么这么可爱啊!"说完,给了儿子一个大大的拥抱。就是这个拥抱,让儿子爱上了画画。

我们每个人都希望得到他人的欣赏,在得到欣赏后,我们就有更大的动力继续做事情。孩子们也是一样,如果我们欣赏他们做得好,那么孩子们下次会做得更好。

很多实例证明,有许多出类拔萃的科学家、作家、音乐家、画家,在学生时代的表现也许并不优秀,但是他们之所以能取得今天的成就,除了他们努力奋斗之外,父母和老师的夸奖、鼓励也起了很大的作用。

我记得有位教育家说: "如果您能发现孩子身上有 10 个优点,您就是优秀的父母;如果您能发现孩子身上有 5 个优点,您就是合格的父母;如果您在孩子的身上连一个优点都发现不了,您就该下岗了。"

　　这句话，我建议所有的父母都记住，并且随时拿出来提醒自己。不仅是父母，作为老师，也应该努力发现孩子们身上的优点。

　　我的班上有个女孩叫莉莉，莉莉非常内向，而且很胆小自卑，她从来不和同学们在一起玩。不管是上课还是下课，我常常鼓励莉莉，让她在自己的日记本上回忆自己的优点，每天都写下来，这样莉莉才渐渐变得开朗自信起来。后来，我推荐莉莉当卫生委员，还让他担任每天课前五分钟的主持人，这极大地锻炼了她的胆量和交际能力。

　　有一次，我让莉莉代表学校去参加全市的演讲比赛，还拿了不错的名次。从此以后，莉莉的学习劲头越来越足了，成绩更是芝麻开花节节高升，每次考试都是班级前十名。

　　通过莉莉，我得出这样一个结论：每个孩子都是天才，只要我们的教育方法对了，就能收获一大堆惊喜。欣赏孩子是让孩子迅速进步的最佳办法。为此，我还把这一方法用到了班上另一个和莉莉情况差不多的孩子身上。

　　李航是个性格内向的男生，成绩中等偏下，和班里其他同学的关系也不是很好。对班里其他同学来说，李航就是空气般的存在，在各科老师看来，李航的性格都太过安静了。

　　我找李航谈过几次话，他每次都是一言不发，我说什么他老老实实地听着，我甚至怀疑李航是不是有自闭症。然而，在一次放学后，这个几乎半个学期都没怎么引起过我注意的学生，竟然让我产生了好奇心。

　　那天，我刚刚下班走出校门，就看到李航在垃圾箱里面翻东西，就在这时，有个女孩子经过把空水瓶丢在垃圾箱里，他马上捡起来，装进随身携带的袋子里。

我很好奇李航为什么要这么做，是为了卖钱吗？据我所知，李航出生在一个颇为富裕的家庭里，显然不会缺零花钱。于是，我走上前好奇地问："李航，你在做什么？"

李航显然没注意到我的到来，吓了一大跳，然后有些不好意思的说地说："老师，我没做什么。"

我笑了笑："你不要害怕，我没有其他意思，只是想要知道你为什么要捡饮料瓶？"

他挠了挠后脑勺，不好意思地说："我想收集不同颜色的饮料瓶做一个环保的牌子，参加市里的环保创意大赛。"

我马上表扬他说："你这个想法很不错啊，没想到你对环保这么感兴趣。那你现在收集了多少饮料瓶了？"

他想了一下说："200多个吧。"

我真诚地说："李航，你今天让老师感到很惊讶。你是一个很有想法，而且能够吃苦耐劳的好学生，最重要的是你不畏惧别人的眼光，在大街上捡饮料瓶，你这种精神，老师恐怕都要向你学习呢！"李航听我这样表扬他，非常高兴。

第二天上课的时候，我在班上点名表扬了李航，让大家都跟他学习，还建议同学们组成一个环保小组，一起制作作品参加环保比赛。

后来，全班同学都加入了李航的捡饮料瓶的行列，最后大家共同努力制作了一个环保的作品，获得了那次环保比赛的一等奖。

　　通过这个事件，李航也变得开朗了许多，和同学的关系也变得融洽了，我在之后的教育中，也经常夸奖李航做得好。

　　期末考试时，李航竟然一下进步了 20 名，成了那个学期最大的"黑马"。

　　对于孩子来说，满足很简单，就是我们多欣赏他们，肯定他们，表扬他们。欣赏就是父母给孩子、老师给学生最温暖的礼物。一句简单的欣赏，就能让孩子充满自信，让孩子和自己的关系更融洽，何乐而不为呢？

第三章 不管梦想是什么，
做好当前的事情才能如愿以偿

孩子是所有父母的寄托和希望，但这里的前提是必须合理，因为高规格、严要求往往使孩子要么激烈地反抗，要么深度地自卑。正面教养是不强求，不管梦想是什么，努力做好现在。把当前的事情做好了，会让孩子更加自信、更加勇敢地去追求梦想，实现价值感，同时也让我们的期待滋养他们小小的生命。

01. 即使是简单的事情，努力做了也要表扬

去年过年的时候，我们一家人回了老家。刚进家门，就看到弟妹在训我的外甥："我跟你说了多少次了，把你自己的玩具收好了再出去玩，你没长耳朵是不是，你看看你自己的房间，跟个垃圾厂一样！"

弟妹越说越生气，又把陈年旧账翻出来训他："你做作业也是，说了多少遍，要认真审题，那么简单的算术题都做错！"

我一看小外甥，低着头，一脸的不服气。我实在是看不下去了，就走过去对小外甥说："妈妈这样说都是为你好，你要体谅妈妈。虽然你今天没收拾房间，但是今天你没有捣乱，也没有跟小朋友打架，这一点还是很值得表扬的。"

弟妹领会了我的意思，于是冷静了一下情绪，对外甥说："姑姑说得没错，有缺点不要紧，只要及时改正就好了。其实你身上也有很多有点，比如帮爷爷奶奶捶背、帮妈妈端菜，是个很孝顺的孩子。"

外甥没想到最后大家都开始表扬他，他被大家左一句右一句地夸奖，弄得都有些不好意思了。

最后我说："宝宝身上有这么多的优点，真让我们开心。如果你能将自己的缺点改掉的话，那你一定是个非常优秀的孩子，到时候大家一定会更喜欢你了。"

小外甥听完我的一席话，轻轻地点点头，似乎在想着什么。从这之后，小外甥身上的很多"毛病"果然都改掉了。

实际上，孩子需要大人的表扬，就像花儿需要雨露滋润一样。孩子因为年龄的限制，他们看不清自己，只能依靠大人的表扬来增强自己的自信心。

美国著名教育家拿破仑·希尔曾说："每个孩子都有很多优点，而父母恰恰相反，他们却总是盯着孩子的缺点，认为只有管好孩子的缺点，才能让孩子更好地成长。其实，这样做就像蹩脚的工匠，是不可能造出完美瓷器的。"我们必须放大孩子的优点，树立孩子的自信。在孩子调皮捣蛋时，我们更要发现孩子的优点，就算是一件非常微不足道的事情，只要孩子做得好，我们都要发自内心的表扬。

陈尔是我朋友的孩子，上小学四年级。有一天，他一回到家就把书包往地上一扔，吼道："我以后再也不上学了！"朋友很惊讶，就问他："你还只上四年级，不读书能干什么？出去打工都没人要你！"陈尔说："我不管，反正我不想上学了，老师不喜欢我，同学也不跟我玩，上学还有什么意思。"

后来几天，不管家里人怎么劝他，他就是不去上学，没办法，朋友只好向我求助。我问清楚了陈尔的情况，然后对朋友说："我给您的孩子开张药方吧！"接着，这位专家就在一张纸上写道："表扬，两个星期。"

朋友拿着这张"处方"，疑惑地说："这真的有用吗？"

我说："你没试过怎么知道有用？试试不就行了？"

从我家回去后，朋友给班主任打电话说明了情况，班主任无奈地说："实不相瞒，在您的孩子身上，我真的找不出什么优点。"

朋友非常真诚地对班主任说："老师，您就帮帮忙吧，这孩子现在一点儿自信也没有了。如果您再不帮帮他，他就真的没有任何指望了。孩子还这么小，总不能让他在家待成废人吧。"班主任不想让家长失望，就答应一试。

第二天一上学，班主任就一直观察陈尔，可还是瞧不出这孩子有什么优点是值得表扬的，班主任想了一下，说："今天陈尔同学上课很认真。"陈尔一听到班主任的表扬，立刻两眼放光、腰板挺直。

过了几天，班主任表扬陈尔写作业的字迹非常工整。陈尔一听更来劲头了，写作业的时候更加认真、整齐。半个月下来，陈尔就像完全变了一个人，不但喜欢上课，喜欢写作业，而且再也不说不上学的话了。朋友看到儿子的改变，别提有多高兴了。

想让孩子有学习的动力非常简单，只需要老师或者父母一句简单的表扬，因为孩子从懵懵懂懂到渐渐认知这个世界，他们非常渴望被关注，非常希望得到大家的赞美，如果我们认为孩子是优秀的、可爱的，那么孩子自己也会这么认为。我们眼中的小小优点，却能在他自己的内心被放得无限大，他会认为自己的生命中有一个大大的优点，然后这个大大的优点会带给他自信和勇气。

但是，如果我们一味地批评孩子，打击孩子，孩子幼小的心灵就会像被剪断双翼的天使，再也飞不起来，变得萎靡不振。

楼上邻居的女儿妮妮，各个方面都很好，就是脾气太倔了，还有点任性，一个小女孩，和小男生打架一点都不怕。小区里的家长，都不喜欢自己的孩子和妮妮玩，怕被妮妮欺负。

妮妮的妈妈每次看到妮妮和别人打架，就一把把孩子拉回来，对着孩子吼："不是跟你说在外面不能打人吗？你看看你现在，还有小朋友跟你一起玩吗？大家都不喜欢你。"

妮妮根本不把妈妈的话放在心上，还是很喜欢打人，最后气得妮妮妈妈在大庭广众之下，狠狠地扇了妮妮一巴掌。妮妮哭得非常伤心，谁来劝都不管用，最后还被妈妈硬拉了回去。

有一次，社区里组织亲子活动，需要两个家庭组成一组，没有人想和妮妮一组，妮妮只能眼巴巴地看着其他的小朋友愉快地玩耍，开心地拿礼物。

后来，我带着儿子和妮妮妈妈组成一组，因为妮妮受伤的眼神真的很让人心疼。但是，一扭头的功夫，儿子就被妮妮推倒了，妮妮妈妈伸手就准备打孩子，我赶紧拉住，然后把儿子扶起来，笑着对妮妮说："阿姨很喜欢妮妮，我觉得妮妮是个非常漂亮的小公主，公主是不会动手打人的，对不对？"

妮妮仿佛明白自己做错了，心虚地看了我一眼，低下了头。

接下来孩子们做游戏的时候，我一直在旁边表扬妮妮，称赞她跑得快，还照顾弟弟，还夸她笑起来很可爱，说她是个很讨人喜欢的小姑娘。

活动结束之后，妮妮一直都很乖，真的像个小公主，妮妮妈妈奇怪地说："这真是太反常了，这孩子从来没有像今天这么乖过。"

中国青少年研究中心研究员孙云晓教授曾说过："成功父母与失败父母的区别是：前者将孩子对的东西挑出来，把他的优点挑出来，而不明智的父母一眼就看到孩子的缺点。"

表扬孩子就是要准确地抓住孩子的闪光点，并且放大这些闪光点，直到让孩子通过这些闪光点看清自己、承认自己，进而接受自己、喜欢自己、尊重自己，最后学会尊重他人。

02. 每个时代，都会悄悄犒赏专注的人

在等儿子特长班下课时，我和一位妈妈聊天："我女儿做什么都是三分钟热度，你看她现在上课倒是挺认真的，昨天晚上才跟我说不学画画了，要去学钢琴。"面对孩子的三心二意，我们真的没有办法应对吗？从我教育儿子的经验中得出，父母在面对孩子"三心二意"时，应该用欣赏的眼光鼓励孩子，培养孩子的专注力。

孩子的"三心二意"常常表现在兴趣培养上，我们在给孩子报特长班时，首先要知道培养孩子特长的目的是什么？是为了开拓孩子的眼界？还是为了让他在这条路上走下去，做出一番成绩？当我们明确目的后，就可以引导孩子，培养孩子的专注力，让他在这条路上坚持得更久。

小玉是我们同单元的一个孩子，也是儿子的同班同学，因为孩子的关系，我们两家常来往，我和小玉的妈妈也经常会在一起讨论孩子教育的问题。

有一次，我给儿子报了一个英语班，没过几天，小玉的妈妈也给小玉报了英语班。其实，小玉的妈妈更想让女儿学古筝，但是小玉一看儿子去学英语，自己也非要去学，她妈妈没办法只好依着女儿。

刚开始的时候，两个孩子在一起学英语，兴趣都比较高。但是过了一段时间，小玉不想学英语了，想要学画画。结果画画学了一段时间，小玉又因为画画太枯燥了，又不想学了，好说歹说都没用。但是儿子依然在英语班上坚持学习，那个学期的暑假，儿子跟随兴趣班老师参加了市里举办的英语演讲大赛，拿了不错的名次。但是，小玉却还在各个兴趣班之间来回变。

一番折腾下来，小玉妈妈钱没少花，但小玉什么都没学到。着急的小玉妈妈就来和我商量对策。

小玉的妈妈愁容满面："这可怎么办，浪费钱事小，但是孩子三心二意，对什么都不专注，这可怎么办，我怕她以后做什么都三心二意的。"

我心里虽然也替小玉着急，但是我相信小玉的这种情况是有办法解决的，于是安慰小玉的妈妈说："你不要着急，小玉还小，正是可塑性强的时候，让她多学点东西也没什么坏处，当然，小玉这种情况对以后也不好。现在我们就是要把小玉三心二意的毛病收一收，给小玉找一个能吸引她注意力的兴趣。"

小玉的妈妈还是很担心："你说说看，随便一个特长，只要她能专注学，肯定有成绩。你看看你们儿子，专注学英语这么久，这不就看到成绩了吗？我的孩子就是太善变了，今天喜欢唱歌，明天喜欢跳舞，后天又说要画画，真不知道她脑子里在想什么，最后一切都白忙一场，这可怎么办啊！"

我对小玉妈妈说："首先，我们要先弄清楚孩子的情况，明白她真正的兴趣是什么。然后就针对这一项鼓励她、表扬她，孩子获得了自信，兴趣就更强烈了，就想要去专门的班级里学习，表扬得越多，她就越想把这件事做好，就会越来越专注这一件事。你之前给孩子报那么多特长班，反而让她分心了。"

小玉的妈妈很赞同我的说法："你说得很对，没有哪个孩子一生下来就知道什么是专注的，我要学会引导她，才能帮她建立起专注力。"

我想大多数父母给孩子报特长班的想法跟我们一样，想让孩子多学点东西，开阔眼界。但是如果没有父母正确的引导，孩子的注意力很容易就散了，更别提什么专注一件事了。

小玉妈妈反省了自己的行为，马上改变了策略。给女儿报了钢琴班，因为通过对小玉进行观察后，小玉妈妈发现她对乐器类真的很有兴趣。上了几次课，老师也表扬小玉的乐感很好，学习速度在班上是数一数二的。更重要的是，小玉本身对钢琴很感兴趣，上课注意力更集中。之所以前一段时间徘徊那么多特长班，是受到同学的影响，同时自己对新鲜事物有一种向往和热情，但是这种热情在她真正接触的时候就很快消失了。

小玉没办法保证女儿以后一定会成为音乐家，也许等她长大一点了，兴趣又会转变，但是小玉现在对钢琴是很专注的。最重要的是她通过学钢琴不断地得到他人的称赞，自信心得到极大地提升，也渐渐改变了三心二意的缺点，专注力变得越来越强，老师建议小玉可以去考级了。我觉得这才是解决孩子对学习"三心二意"的问题的关键。

我们绝不可轻视，我们要针对孩子的性格和年龄特点，采取不同的方法进行引导和教育，鼓励孩子养成做事专一、认真的好习惯，让孩子在稳步中前进，对所学的事情真正感兴趣，并且有目的、有秩序地把想要学的知识学扎实。

在日常生活中，我们可以利用身边的小事来提高孩子做事的专注力。比如洗碗、擦桌子、收拾房间等。刚开始，孩子可能会边说边做，父母可以在一旁督促孩子，告诉他："不能三心二意，擦桌子就专心擦，看书就认真看。"让孩子专心去做，直到把一件事做完为止。要让孩子明白，做任何事情都要用心地把它做完。

在经历了日常生活中小事的锻炼后，父母也可以有意识地设置一些障碍，为孩子提供克服困难的锻炼机会。比如，在孩子看书的时候故意把动画片打开，看看孩子能不能集中注意力，如果孩子有分心的迹象，就要及时提醒孩子，慢慢地培养他们的专注力。

因为专注力是要靠坚强的意志磨练出来的，越是复杂艰难的环境，越能锻炼孩子的专注力。当孩子专心地完成一件事情后，我们要表扬她，当孩子有分心的苗头时，我们要鼓励他："上次妈妈给你讲的小猫钓鱼故事还记得吗？想要钓起来大鱼，就一定要专注哦！"

同时，我们也可以加上鼓励的话：

"我知道你会成功的！"

"你做得确实很不错！"

"既然你已经开始了，就坚持到底！"

在这些温情话语的鼓励下，孩子就会激发出做事情的热情，心中充满了信念，并不断地自我暗示，努力去实现自己的目标。

专注力是成功的基础，一个人在遇到困难时，只有保持足够的专注力，他心中的目标才会实现。所以在孩子做事情的过程中，我们要积极培养孩子的专注力，在一件事情上越专注，就越容易成功。每个时代，都会悄悄犒赏专注的人，这是永恒的真理。

03. 现在，就让孩子勇敢地展现出自己

一次儿子的学校开晚会，大礼堂里座无虚席，都是家长和学生。坐在我旁边的是一对母子，孩子很兴奋地不停乱动，妈妈不时训斥他几声。接近晚会尾声时，主持人在台上说："节目已经为大家表演完了，下面是互动环节，各位想不想上台过一把明星瘾呢？在才艺自选环节，只要有勇气站在台上，都会得到一份神秘礼物。"现场气氛马上被调动起来，不少孩子都跃跃欲试，我旁边的小男孩更是高高地举起手。他妈妈一下把他按在椅子上，有点儿愤怒地说："你会什么啊，别丢人了，好好坐着。"

男孩撇着嘴坐下了，一脸不情愿地看着别的孩子上台去展示才艺。

我想，小男孩的不开心绝不是因为不能得到"神秘礼物"，而是埋怨他的妈妈没有给他展示自我的机会。

我国家几千年的传统文化教育我们要含蓄、内敛、谦卑，然而在当代竞争激烈的社会，却要求人们时刻抓住机遇，大声地说出："我行！"因此，培养孩子勇于表现自己，是家庭教育中又一个重要内容，尤其对一些内向、胆怯的孩子更是如此。我们应该懂得在何时何地给孩子展现自己的机会，并且用欣赏的目光或话语激励他们，给他们提供指导。

当孩子想展现自己时，表现欲望是很强烈的，这不是简单的"出风头"，而是包含着一种希望得到别人肯定的心理。假如在孩子兴致勃勃地想要表现时，父母却呵斥了他们，孩子很可能会失去信心。

我的高中同学说起她4岁的女儿木木，每次家里来了客人，木木都吵着要给大家背诵唐诗，客人们都夸木木背得好，木木很开心。一次，我去她家，和朋友诉说工作上的不如意，木木走到我面前说："阿姨，我给你背一首诗吧！"我同学看了木木一眼，训斥道："背什么背，阿姨正心烦呢，别捣乱。"木木乖乖地出去了，以后家里再来客人，木木也不再背唐诗了。

孩子并不能分辨什么场合应该表现，什么场合不该表现，训斥只会让孩子摸不着头脑，误以为大人是讨厌他的表现。像我的同学，她完全可以说："阿姨现在心情不好，等一会儿再背给阿姨听好吗？"这样才不会使孩子的自信受挫，而且孩子也乐意配合。

让孩子展现自己有利于帮助他们树立信心，内向的孩子不太擅长表现自己，在人前往往会退缩，也就失去了很多好机会。我们要清楚孩子自身的特点，因势利导，制定出适合他们的成长方案。

我参加过一个家长交流会，会上有位王女士提到自己孩子的教育问题，给我上了生动的一课。

她的孩子小然自身条件很好，成绩优异，还会弹奏钢琴，但是他不愿意展露自己的才华。放学回到家，王女士拿了一张简报给他看，原来是市里举办的少年钢琴大奖赛，做母亲的只说了一句："很不错的机会啊。"小然瞥了一眼，没表示什么。第二天早晨去上学之前，小然犹豫着问妈妈："妈妈，你说我可以参加吗？"

"为什么不可以呢？"王女士和蔼地问儿子。"我怕表现不好，再说有那么多比我优秀的人。"孩子没有信心地说道。王女士就对他说："敢于尝试就已经是胜利了，妈妈相信你是最棒的。"然后用赞许的目光看着儿子。得到了妈妈的鼓励，小然决定尝试一下，他鼓起勇气报名参赛，并以很高的分数获得了第一名。

时刻留意着周围有没有可以帮助孩子锻炼自己的机会，这也是我们做父母要学会的。在孩子胆怯时给他们言语和目光的鼓励，他们就能鼓足勇气、勇往直前。

以前有位妈妈对我说，她的孩子莹莹给她带来不少困扰。11岁的莹莹胆子小、心事重、做事拘谨，在学校里不懂得表现自己，甚至上课举手发言这样普通的动作都没有勇气做。

妈妈从老师那里知道了这一情况，有些生气地问女儿："你会回答干嘛不举手呢？"莹莹反过来问母亲："为什么一定要说出来啊？会了不就行了？""你不说，老师怎么知道你会不会啊？"妈妈问。莹莹一笑："就让成绩说话呗！"

莹莹的成绩不错，她比较文静，在同学中也有人缘，但是每次班级干部选举，莹莹都不参加。开家长会的时候，班主任着重跟莹莹的妈妈强调了这一点：有些孩子特别在意自己能不能被选上，莹莹明明有能力却不报名。回家以后，母亲跟莹莹说了这件事，莹莹的头摇得像拨浪鼓："我才不干呢，我就是想做个普通的学生，谁都别逼我。"

"其实她不是不想当班干部。"莹莹的母亲说，她特别发愁孩子的这种性格，不知道今后该怎么办。

遇到莹莹这种情况，我认为父母还是应该以鼓励为主，让孩子明确自己的价值。莹莹过于内敛的性格让她不清楚自己的优势，而且孩子的自尊心很强，父母要注意说话的语气，可以鼓励孩子说："你很优秀，如果再开朗一点儿就更好了。""你一直都很出色，为什么不喜欢把你的优点让大家学习呢？"类似这样的话比较容易让孩子接受，既保护了孩子的自尊心，又给了孩子信心。

当孩子通过自我表现获得称赞并体会到被肯定的喜悦时，自信心会随之增强。而自信心的增加，又会促使孩子更加勇于表现自己。只要孩子能学会勇敢地展示自己，就是在把握机会，积极向上。

那么，我们该怎样培养孩子的自信和勇气，给他们展现自己的好机会呢？

首先，要让孩子扩大接触面。这里不仅仅是指和同龄人的接触，而且是指和外界的接触。一般来说，胆小内向的孩子并非讨厌掌声和赞美，只是在众人面前觉得难为情，感觉不安。因此，我们要尽量让孩子经常面对有陌生人的环境，逐步减轻他们的不安心理。

我在杂志上看到台湾的一对夫妇很懂得帮助女儿树立自信。5岁的小雨是个很文静的小姑娘，她一见到陌生人就会本能地躲到家长身后。父母觉得有必要锻炼孩子的勇气，闲暇时，父母带小雨出去散步，遇到邻居就交谈几句，并且让小雨也参与其中，他们还鼓励小雨去找小伙伴玩耍，建立友谊。比如外出购物，爸爸就会说："小雨，爸爸的钱包在这里，我和妈妈有点儿累了，你能去收银台帮我们付钱吗？"小雨就会很听话地拿着爸爸给的钱去付账。每到假日，小雨一家还会出去旅游，让小雨置身川流不息的人群中。在父母耐心地教导下，小雨看陌生人的眼光多了一分坦然。

这个例子让我懂得，孩子的视野开阔了，见识也自然开阔了，再遇事时也不会惊慌失措，而是沉着冷静地应对。

其次，要对孩子的特长和优势多加鼓励。孩子怯于表现的原因可能是不自信，担心自己做得不好而得不到表扬，此时，找出孩子的特长并帮他们树立信心就尤为重要了。

我经常鼓励儿子，我发现儿子很喜欢唱歌，就说："你的歌唱得这么好，小朋友们是不是都喜欢听啊？"或者说："别人都以为我们家有一只小百灵鸟呢，下次唱歌给大家听好不好啊？"就这样，儿子更喜欢唱歌了，学校里有联欢活动，他总会上台表演。

我们可以通过画画、唱歌、舞蹈、朗诵等一系列形式挖掘出孩子的能力，创造机会让他们在家人面前展示，并加以鼓励，培养孩子的信心。

另外，要给孩子创造条件让他多表现，我们的肯定和外人的认可能让孩子的自信倍增。比如在亲友聚会时，我们可以对孩子说："今天是奶奶的生日，你要不要表演个节目祝奶奶生日快乐呢？"需要注意的是，说话的声音要小，给孩子留出余地，众人期盼的目光和善意的笑容都可能加重孩子的排斥心理。如果孩子还是拒绝，也不要勉为其难，可以给孩子个"台阶"下："你是不是没有准备好呀？那下次吧！"这样，孩子就会感受到父母是尊重他们意愿的。

有一点应值得注意，那就是给孩子展现自己的机会，不等于让孩子过度地表现自己，过度地表现只能使孩子滋生出骄傲自满的情绪，对孩子成长是不利的。

让孩子展现出自己优秀的一面，不畏缩、不胆怯，才有可能在自己的人生舞台上大放光芒。

04.只为孩子开一扇窗，没有谁是被逼着成才的

儿子四岁时，有一天，我和丈夫在讨论要为儿子报个兴趣班时，丈夫兴致勃勃地说："不如让儿子学钢琴吧，长大后成为像李云迪那样的'钢琴王子'；或者学画画吧，可以做像丁绍光那样的画家；算了算了，还是练书法吧，说不定是第二个王羲之呢。"

我忍不住叫醒了丈夫的白日梦："你快打住吧，给儿子发展兴趣，

千万不能抱有功利心。"于是，丈夫退而求其次，对我说："我已经为儿子规划好了，你看，我们俩琴棋书画样样精通，儿子至少也要德智体全面发展吧！"最后我们达成一致，还是让儿子自己选择。

周末，丈夫抽空在家给儿子讲了李云迪的故事，不知道儿子是被故事吸引住了，还是受丈夫的影响，他说："妈妈，我想学钢琴。"丈夫觉得家里的钢琴太旧了，就打算买架新的钢琴。丈夫又对我说："你看，我来教的话，是不是不太好？儿子跟我太熟了，我说话怕儿子不听，还是给他请个老师吧！"

刚开始，儿子兴趣非常足，渐渐地，能弹出简单的曲子了，儿子非常激动，渐渐对其他玩具失去了兴趣。一天，丈夫看着练钢琴的儿子，得意的说："没准儿，我们家还真能出个李云迪呢！"

可是好景不长，还不到三个月，儿子就厌倦了，只有在我的催促下，儿子才勉强地练一会儿。又过了一段时间，儿子抱怨说："真没劲，钢琴一点也不好玩。"我明白，儿子不想学钢琴了。不管我和丈夫怎样威逼利诱，儿子就是不想学了。

我和丈夫非常郁闷，我质问儿子："当初也是你要学的，给你买了新钢琴，你不学了，钢琴怎么办？"儿子振振有词地说："爸爸会弹，给他弹啊！"儿子这句话，彻底激怒了我，我告诉他："做事要有始有终，钢琴，你是想学也得学，不想学也得学！"很长一段时间，我和儿子的关系都很僵。

有一天，我去接儿子放学，在学校门口，我碰到了甜甜的妈妈，她跟我讲了类似的事情："我女儿也是一样的，开始我为了给孩子塑形，就给她报了舞蹈班，甜甜说压腿太疼了，不想学了。于是，我又给她报了美术班，还不到一个月，她又不想去了。"甜甜妈妈愁眉苦脸的说："小孩子就是三分钟热度，你要是对她严一点，她好个一两天，没过多久，又打回原形了。而且，比以前情况还严重，这样下去，她烦，我也烦。我看这个问题是无解了。"

想想我们小时候，想学点特长是非常困难的一件事。那个年代，很少有人有一技之长，偶尔有一两个孩子会弹钢琴，会跳舞，那就是艺术家了。可是现在呢，条件有了，几乎人人都有特长，假如你的孩子什么都不会，反而显得格格不入了，说明父母不称职，对孩子教育不上心。大家都卯足了劲儿不让自己的孩子输在起跑线上，我也不例外，丈夫劝我："还是顺其自然吧，揠苗助长的故事你又不是没听过。"

我对丈夫说："你错了，学一门特长，不是让他不输给其他的孩子，而是等他长大后，有一种可以消遣的方式，就像你喜欢弹钢琴一样。"丈夫被我说服了，于是我们一起继续寻找适合儿子的兴趣爱好。

后来，一位书法家朋友到我们家做客，丈夫陪他聊天，渐渐地，聊起了孩子兴趣的问题。

书法家朋友给丈夫讲了一个故事，他说："我小时候，有很多梦想，最开始，我想当医生，可那个时候条件多差啊，小小的农村里哪有什么玩具。我父亲就帮人家打了一个月的零工，托朋友在城里找人给我买了件医生的白大褂，我当时拿着白大褂特别高兴，每天都穿着假扮医生给小伙伴们看病。后来，我觉得医生太累了，就放弃了。没过多久，我又从电视上看到很多明星唱歌，穿得又好看，生活又风光，嚷嚷着要当歌星。我爸又卖了家里的一头牛犊，给我买了一个二手的小录音机，还有几盘磁带。我就跟着磁带唱，可是又唱不好，乡下又没有教唱歌的老师，因此我的歌手梦又束之高阁了。那时候我已经有点不好意思了，可我父亲什么都没说。后来，我觉得书法这个梦想比较靠谱，我父亲把抽了几十年的烟给戒了，省下钱来给我买笔墨纸砚，才有今天的我。"

丈夫听得入了神，朋友语重心长地对丈夫说："最终能使人成功的只有兴趣，如果当初我想放弃的时候，我父亲逼着我一定要坚持下去，可能为了不辜负他，我也会坚持下来，但是我肯定不会有什么大成就。又或者我父亲将我那些不切实际的想法直接否定，可能我到现在还停留在空想阶段。"

丈夫还是有些纠结，他问："您现在已经成了书法家了，如果我们像您的父亲那样，最后儿子还是一事无成呢，怎么办？"

朋友笑笑说："没有哪个孩子是被逼着成才的，我们要做的就是最大限度地保护孩子的兴趣，为他打开一扇扇门，让他看见不同的风景。至于他喜欢什么样的风景，想走哪条路，这不是我们能掌控的。给孩子更多的自由和空间，也许他不会成为某一领域的翘楚，但至少他的童年是快乐的。而不是在他长大后，回忆起他的童年，只能想到被父母逼迫着学某种特长，即使他真的成了大家，可能他失去的东西更多。"

我和丈夫陷入了沉思……

之后的一天，我们被邀请去一位企业家家里做客。那对企业家夫妇非常热情，让他们的小儿子给我们弹了一曲《土耳其进行曲》。六七岁的孩子能弹成这样，真的非常棒，我们由衷地夸奖了小男孩。企业家夫妇脸上闪耀着自豪的光芒。丈夫遗憾地说："要是我们的儿子也能这样，该有多好啊！"

午饭过后，小男孩在客厅里玩，他妈妈对他说："练琴时间到了哦！"小男孩本能地排斥道："妈妈，我再玩一会儿可以吗？"他妈妈严肃地说："不行，先练琴，练完琴才能玩。"

小男孩试图再做一番努力，希望先玩再练琴。她妈妈拿出一把戒尺说："你再不去的话，我就要家法伺候了！"小男孩最终屈服戒尺的淫威，乖乖地去练琴了。

在他练完琴后，我随意与他聊天，问他："你最开心的一件事是什么啊？"小男孩眨巴着眼睛说："我最高兴的就是我手指不小心被抽屉夹了，肿了好几天，这样我好几天都不用练琴了。有一次，我故意用门夹伤了我的手，休息了十几天呢！"

我惊讶地问他不疼吗？小男孩想了想说："刚开始有点疼，可是那么多天可以不用练琴，我宁愿疼。"他还异想天开地说："有一次妈妈指着电视里的一个女孩子说，人家失去了手臂多可怜啊，以后不能弹琴、写字了。其实我多羡慕她啊，要是我手臂断了就好了。"

当时，我的心情十分复杂。一个孩子为了逃避弹琴，可以把自己的手夹伤，甚至希望自己的手臂断掉，也许他还不能理解失去手臂意味着什么，可是在他心里只要可以不弹钢琴，连健康都可以不要了。我不知道在弹钢琴这事上，他被逼得多厉害，可是一个孩子，宁愿受伤也不愿意练琴，可见他已经特别反感了。

我把孩子的情况跟他妈妈沟通了，希望她别再逼迫孩子练琴了。她听我这样说很是反感，说："我知道孩子不喜欢弹钢琴，可是他还小，哪知道什么喜欢不喜欢的，长大了，他就明白我的苦心了。"

也许孩子长大后，真的能明白父母的苦心，可是他本应最快乐的童年永远都笼罩在学琴的阴影下，这样真的对孩子好吗？

05. 要不要逼孩子"分享"

在别人眼里，我和丈夫为人都挺大方，尤其是丈夫，如果外出吃饭碰到隔壁桌有熟人，经常会暗中替人家埋单。丈夫的这种性格让他拥有很多朋友，所以我一直希望儿子也能够大方热情，拥有很多朋友。

令我郁闷的是，在这方面孩子完全没有继承我们的特点，甚至有点"葛朗台"的潜质。有一天，我看儿子吃牛肉干吃得津津有味，就故意说："这牛肉干是不是很好吃啊？"

儿子认真地点点头，我继续说："那给妈妈吃一点吧？"

我本以为他会邀宠地贡献他手中的牛肉干，谁知道他看了看牛肉干（那袋牛肉干已经所剩不多），小声说："我要自己吃。"

其实我只是逗一逗他，可他的回答令我生气，这么小的孩子如果养成了自私的性格，将来谁会愿意和他相处？想到生气解决不了问题，我只好压住自己的怒气，提醒他："这袋牛肉干是妈妈买给你的，妈妈想吃一点都不可以吗？"

大概他也知道这确实是我买给他的，想了想说："可是你已经给我了，那就是我的。"

我气得要命，这是什么逻辑？正好丈夫回来，见我表情严肃，忙问我发生了什么。我小声跟他解释了一番，丈夫想表现一下他在儿子心目中的独特地位，过去跟孩子交涉。不知道儿子是怕我吃醋还是葛朗台性格发作，不管丈夫怎么讨要，他都把牛肉干紧紧地护住，就是不肯给。最后不知道他是不是烦了，跑进房间，还把门给关了。

丈夫看着儿子稚气的模样，气得发笑："我们怎么养了个小白眼狼啊！"

过了几天，我抱着电脑窝在沙发上看片子，旁边堆了不少零食。儿子跑过来想一起吃。我把零食护住，不给他吃。他惊讶地看着我，再次要求道："妈妈，我要吃薯片。"

我一本正经地告诉他："这是妈妈的，你不可以吃。"

儿子还想耍赖，过来抢。我把手举得高高的："妈妈都是跟你学的，你不给妈妈吃，妈妈也不给你吃。"

儿子挺会见风使舵，立刻说："那我以后也给你吃嘛！"我没有继续跟他"赌气"，把零食拿给了他。

我抓住时机教育他说，如果他是个小气的孩子，什么东西都不肯跟人分享，以后别人也不会跟他分享，他会失去很多人的喜爱。儿子扬着小脑袋问我什么是分享。我说，就是把你拥有的东西拿出来和人家一起吃、一起玩。他似懂非懂地说，有些小朋友的东西也没给他吃，所以他也不想给他们吃。我趁机告诉他，那些小朋友的东西不给你吃，你是不是就不喜欢他们，也不想把自己的东西给他们了呢？那你也要做像他们一样的小朋友吗？儿子想都没想便说，他要做个大家都喜欢的小朋友。我又给他讲了很多道理，他似乎真的想通了。

后来，家里再有什么客人来，儿子都会把自己的东西贡献出来。自然，他受到了很多人的表扬，说他是个大方的孩子，人见人爱。自此，儿子好像懂得了分享的乐趣，不用我们提醒，会主动把自己的东西拿出来了。

一个朋友过来拜访，带了一瓶茅台酒送给我。我和丈夫都有喝点小酒的习惯，自然对此爱不释手，时时欣赏。儿子在旁边问我："妈妈，这是一瓶珍贵的酒吗？"

我笑着告诉他："是啊，这是茅台酒。"

他再问："你很喜欢它吗？"

我摸摸他的头："是啊，妈妈很喜欢！"

有一天，丈夫有朋友过来拜访，中午时分，大家一起吃饭，儿子突然抱着那瓶茅台出来了："妈妈，这瓶珍贵的酒你要跟朋友分享。"

我有些尴尬，朋友一听是茅台酒，连忙拒绝。我坚持把这瓶酒开了，并讲了教育儿子分享的故事。

事后，我陷入了沉思。当我要求孩子大方、不自私的时候，我自己是否做到了真正的慷慨呢？孩子是面最好的镜子，希望孩子身上具备什么品质，做父母的得先具备这些品质，并用心将这些品质移植到孩子身上。

本来，事情到这里应该告一段落了，可接下来发生的一件事令我深思。

有一次朋友聚会，席间大家纷纷聊起自己的孩子，相互分享教育经验。我把这个故事讲给了大家听，其中一位朋友听得特别认真，结束前感激地说："听了你这个故事，给我的启发实在太大了。我家孩子也有不懂分享的毛病，这回我知道该怎么教育他了。"

我笑笑跟她道别，能够帮到身边的朋友，我也觉得非常开心。

可是几天后，这位朋友心事重重地给我打电话。

原来，朋友的孩子生日的时候，孩子爸爸从国外带回一个机器人作为生日礼物，孩子当成心肝宝贝。有一天，孩子的小表弟和父母过来做客，小表弟见了机器人想玩，可朋友的孩子不肯，朋友觉得很丢脸，就把机器人拿过来给了小侄子。碰巧机器人又被弄坏了，孩子很伤心，整整哭了一夜，怎么哄也哄不好。之后几天孩子都一声不吭，也不理睬父母。朋友担心地说，早知道这样，那宁愿孩子小气也不逼他共享玩具了。

这便是另一种极端了。

其实，在孩子幼小的时候，哭闹耍赖、小气自私都是特别常见的现象，甚至都不能算缺点，那是这个年龄段的特色。但是如果我们不加以正确的引导和影响，这些本来是阶段性的正常现象就会成为孩子相伴一生的性格特征，比如自私、自我等。所以，我们只需要客观地看待问题，找出问题的根源，与孩子好好沟通，问题就会迎刃而解。

但是，在这个过程中，很多父母会犯两个错误，包括我自己。

作为父母，我们都希望自己的孩子大方得体。比如刚刚给孩子买了一个玩具，遇到了隔壁家的孩子要玩，我们都希望孩子能够大方地把自己的玩具借给对方。可是孩子往往不肯合作，这时有的父母会觉得丢脸，采取强硬的手段把孩子的玩具夺过来给对方玩。这么做不但不会使孩子学会分享，反而会在孩子心里埋下不满的种子，甚至伤害孩子幼小的心灵。

还有的父母认为只要孩子有一样东西没有拿出来分享，就是小气。这也是错误的认识。试想，如果有人要我们把丈夫送的结婚戒指拿出来共享，我们会愿意吗？要知道，孩子的机器人在他心目中也不亚于我们大人的结婚戒指啊！茅台酒我可以拿出来共享，只因为它的意义还没有结婚戒指那么重要。如果连我们自己都做不到的事，怎么可以要求孩子完全做到呢？如果非要这样去勉强孩子，只会伤了孩子的心。

作为父母，我们要站在孩子的立场上去判断，孩子的表现属于正常还是反常，对于孩子正常的反应，应该接纳、理解和尊重。所以，从那以后，对儿子特别有意义的东西，我都让他自己决定是否和别人分享，即使他不愿意，我也不会责备他半句。

其实，教育孩子也是个不断自我反省的过程，所谓教学相长就是这个道理。

第四章 我们能给孩子最好的，
就是先成为最好的自己

～～～～～～～～～～～～～～～～～～～～～～～～

　　家庭是孩子的第一课堂，父母是孩子的首任老师。正面管教是不吼叫、不打骂、重示范，而是言传身教，是身体力行，是把孩子应做或不应做的事情的榜样放在他们面前，让他们在潜移默化中不断修正并完善自身行为。无疑，这种吸引或阻止他们去模仿的力量，比任何精彩的说教都有效得多。

～～～～～～～～～～～～～～～～～～～～～～～～

01. 教诲是条漫长的道路，榜样是条捷径

我有一个闺蜜，有两个女儿，大女儿叫兰兰，小女儿叫甜甜。有一天，闺蜜带着两个女儿来我家做客，三个孩子在一块儿玩耍。甜甜想给娃娃穿黄裙子，姐姐兰兰偏要给娃娃穿粉裙子，甜甜说："你把娃娃还给我，这娃娃还是我的，我不想跟你玩了。"兰兰很生气，把黄裙子扔到地上，还使劲踩了两脚。

闺蜜看到后，要兰兰向甜甜道歉，兰兰却理直气壮地反驳："不！你上次把我的画撕了，不是也没说'对不起'吗？""那是因为你画画不专心……"妈妈辩解说。

闺蜜要求兰兰道歉，然而她自己的言行却不一致，为自己的行为找借口，恰恰给孩子提供了一个极为不良的示范，以致兰兰学着她的样子，死不认错。兰兰的行为正是妈妈的翻版。

每次看完报纸，丈夫就把报纸随意放到茶几、餐桌上，绝不叠整齐放回书架；脱下的衣服和买回家的东西随手一放就完事大吉。儿子也是一样，儿子做完作业或玩完玩具也从不收好，床上、地上、桌上难以找

到一块整齐的地方，书包也是丢三落四的，第二天把作业丢在家里交不了作业是家常便饭。

面对家里的残局，我常常是一边收拾一边提醒儿子："这件东西你从哪儿拿的，不用了就给我放哪儿去。"没想到儿子理直气壮地说："爸爸也是这样的，你为什么不说爸爸？"

听完儿子的话，我愣住了，意识到正是由于丈夫随手乱扔东西的做法给孩子做了坏榜样，使儿子在潜意识里将"无序"、缺乏自理和把责任推给别人看成是理所当然。尽管我一再强调，但是，我的"言传"最终难以抗衡丈夫的"身教"，丈夫的不良习惯还是潜移默化地影响了孩子。

其实，像闺蜜和丈夫这样的情况，每个家庭几乎都存在非常。现在，请你停下来，仔细反省一下自己，我们在生活中是不是也常常犯这样的错误？有的时候，孩子的玩具掉在地上，孩子可能会伸出小手，指着玩具咿咿呀呀，似乎是想让我们帮忙捡玩具。假如我们这时不用手去捡，而是用脚随便一踢，孩子就会学着我们的动作去踢。这下可好，再怎么让他捡都不会捡了，他会踢着玩具满屋子跑。

孩子还小，基本不具备辨别是非的能力，他们总是不经意的模仿父母的行为，不管是好的还是坏的。教育孩子是一条漫长的道路，但是为人父母做好榜样，却是一条捷径。

在一个家庭里，男孩的成长一般喜欢模仿爸爸，女孩在成长的过程中喜欢模仿妈妈。我们的人生观、价值观、待人接物的方式、行为举止，都会在孩子的脑海里留下深刻的印象。当他们成年以后，我们的影响就会在他们身上开花结果。

　　我的大学同学曾经在微信上给我讲过这样一个故事。同学一家移居美国后，初来乍到，女儿媛媛不适应美国的生活，一直不怎么开心。一周后，恰逢媛媛的生日，入乡随俗，她也想办一场生日party。她跟妈妈讲了这个愿望后，妈妈完全赞成，一大早就去蛋糕店定了一个蛋糕，还准备了不少中国特色菜和零食、饮料，希望自己的女儿能同美国孩子一样，热热闹闹地做一次接受别人祝贺的小主人公。

　　媛媛邀请了很多同学，生日那天，她期待着客人们的到来。没想到，派对当天媛媛望眼欲穿，才来了3个同学。媛媛的心情一下子跌落谷底，眼泪在眼眶打转。

　　妈妈感受到了女儿的难过，但依然不动声色的为女儿举办生日party，照样做了一大桌子菜，照样切蛋糕，照样玩游戏，照样唱生日歌。母爱并没有固定模式，媛媛的母亲爱自己的孩子，她用自己的一言一行向还未成年的女儿灌输了处变不惊、不卑不亢、自尊自重的价值观。

　　孩子真的会以我们为荣吗？我们身上有没有足够的精神营养供孩子汲取呢？这些都是非常重要的问题。那些以父母为荣的孩子，自信心很容易建立起来，并且自我预期也比普通的孩子高。

　　可以这样说，教育孩子的过程，也是教育自己的过程，孩子喜欢模仿我们的行为习惯，我们不能制止，但是，我们却可以让自己变得优秀，让自己值得孩子模仿，哪怕只是个小小的细节。

　　刘梅是我非常佩服的、有才华的职业女性，在一家广告公司做文案工作。她有一个4岁的小女儿，一家三口，生活得很美满。但是，上大学时她自由惯了，也使她养成了不拘小节的习惯，说话非常直接，从不考虑别人的感受。在日常生活中，不按时吃饭、通宵熬夜的事儿也时常发生。丈夫提醒过她多次，可刘梅当时答应得挺好，一转身就又忘记了，继续我行我素。

在女儿上一年级时发生的一件小事，使刘梅下定决心一定要改变自己。

在一次家长会上，老师告诉刘梅："你的女儿很可爱，非常聪明，上课认真听讲，注意力也很集中，但是她和同学们相处时不太融洽，昨天看见一个同学要和她一起玩跳棋，她竟然说'这是笨蛋才会玩的游戏，我劝你还是找别人吧'。"

刘梅非常吃惊，天啊，这不是自己常说的话吗？丈夫提醒过多次，可就是改不了。女儿这么小就尖酸刻薄，以后走上社会该怎么办？等她性格定型之后，再矫正肯定是没希望了，看来从现在开始，就应该注意要在女儿的教育上下功夫了。

刘梅知道女儿的一些小毛病都是从自己身上学来的，要教导女儿，首先就要改变自己，否则，不光影响自己的个人形象，还将影响女儿的一生。

从此以后，只要女儿在身边，刘梅就格外注意自己的言行举止，说话客客气气，对丈夫和女儿坚持"多称赞，不挖苦"。每天吃过晚饭后，一家人在楼下公园散散步，回家看看电视，看看书，安排女儿睡觉后，自己也按时休息。

一开始，刘梅还有些不习惯，她总是下意识地控制自己，但时间长了，习惯成自然，不仅仅是做给女儿看了，自己也得到了改变。单位里新来的实习生还总是赞叹"梅姐真是体贴啊"呢！更重要的是，女儿在学校的时候，不知不觉地，已经变成了一个文静可爱、乐于助人的小姑娘。

朱庆澜先生是我国著名的教育家，他曾经说过这样一句话："无论是什么教育，教育人要将自身做个样子给孩子看，不能以为只凭一张口，随便说个道理，孩子就会相信。"如果你希望自己的孩子变得优秀，就先从自己做起吧。

02. 一个月培养一个好习惯

我听学校的老师曾经讲过这样一个引人深思的故事：

他有一个朋友老林，老林有个习惯，每天下班了都要到学校外面的小餐馆去喝上一杯。老林的太太很担心他的身体，一直劝老林戒酒。但是老林一直没有戒掉，他对太太说："哪有男人不喝酒的，喝一点没事的。"

有一天，下很大的雨，老林下班回家换下了被淋湿的衣服，一定要出门喝一杯，他跟太太、儿子打了个招呼就径直出门了。就在老林快到餐馆时，突然感觉好像有人在后面跟着他。他下意识地回过头去看，却发现是儿子跟在自己身后。他厉声说："这么晚了，你不在家好好待着，怎么跑出来了？"儿子听到父亲的话，并没有显出很委屈的样子，反而十分开心地对父亲说："爸爸，你看，我正踩着你的脚印走呢！"

儿子的一句话让老林心中一震，他猛然意识到自己的不良嗜好正在影响着成长中的儿子，儿子现在正踩着他的脚印走着他走过的路。如果他还继续每天去餐馆，那么儿子有一天也一定会跟着他走进餐馆，沾染上不良习惯。

想到这里，老林扭转身就往家走，他要给儿子留下一串端正的脚印。从那以后，老林再也没有光临过这家餐馆。

身为家长，我们是孩子的第一任老师，我们一定要走好每一步，在孩子成长的过程中，为他们留下端正的脚步。

我曾经看过一篇关于儿童教育的文章，文章中提到，大概有78%的孩子会把自己的父母当成模仿对象，在他们的生活中，会把父母的生活习惯当成自己的生活习惯。也曾经有教育专家提出：父母的伟大，不在于拥有多少财富，而在于拥有多少好习惯。所以我们在教育孩子时首先要规范自己的言行举止，为孩子留下一个好的习惯脚印。

孩子在成长过程中一定会出现或多或少的毛病，这些小毛病的产生和父母的习惯分不开。孩子不讲卫生，父母肯定也没有好的生活习惯；过分注重外表的孩子，父母平时一定追求时尚。而懂礼貌、懂道理的孩子，其父母一般都通情达理；简约朴素的孩子，其父母也往往不是喜欢铺张浪费的人。

朋友的孩子鑫鑫在上幼儿园时，有一天，玩游戏不小心被小朋友碰了一下，他当着老师和全班小朋友的面，大声说了一句："我靠！"

这让老师很诧异，因为在此之前的一年多幼儿园生活中，老师从来没有听鑫鑫说过脏话。

鑫鑫的父母工作繁忙，他一年中的大部分时间都是和爷爷、奶奶在一起。而就在春节放假后的第一天，鑫鑫竟然脱口说了脏话，而且脸上还有那种大人因为不满而流露出来的表情。当老师问他刚才说了什么时，鑫鑫满脸狐疑地重复了一遍，并且在接下来的一整天里，只要稍不满意，他就会说那两个字。

当下午奶奶来接多多时，老师赶紧将奶奶叫到一边，然后将鑫鑫一天的情况对他说了一遍。

奶奶听了老师的话开始也很纳闷，想了一下才恍然说道："最近鑫鑫常跟他的爸爸妈妈在一起，特别是鑫鑫爸爸，业务上稍有不如意，这两个字就蹦出来了。没想到，就跟他爸爸妈妈呆了这么几天，竟然把这两个字学会了！"

在生活中，我们常常告诉孩子这个不能做，那个是错误的。这其实没有什么不好，我们教育孩子的是天经地义的，是每个做父母的推卸不掉的责任和义务。相信这些道理大家都懂，那大家都做到了么？

我们一边满嘴跑火车、耍小聪明、夫妻吵架、贪小便宜、牢骚满腹、抱怨不断、随手乱扔垃圾、出口成脏……一边还要告诉自己的孩子要讲文明、懂礼貌、尊重他人，自己都没有身体力行，又如何让孩子心服口服？就像前面提到的鑫鑫爸爸一样，父母说脏话的习惯，无疑是孩子成长道路上的绊脚石，对孩子的成长直接产生着负面影响。

三字经说："子不教，父之过"，意思是孩子没教育好，都是大人的责任。同时，数千年来的传统教育延续着这样一种思想——父母是教育者，孩子就要听父母的。但是，父母自己的言行又如何呢？自己做不到、做不好的父母，又有什么资格来教育子女呢？己不正，焉能正人？

中央电视台曾经播过一个"妈妈洗脚"的公益广告，相信大家一定有印象。年幼的儿子看着妈妈给外婆洗脚，等妈妈坐下来休息时，自己晃晃悠悠的端着一盆水走到妈妈面前，对妈妈说："妈妈洗脚！"这支广告就是突出家长"言传身教"的作用。

我们是孩子的航标灯，孩子总是紧跟着我们的脚步，朝着我们指引的方向前进。孩子的习惯不好，大多数是我们自己本身的习惯不好。教子先教己，虽然有些老生常谈，但却经常被父母忽视。因此，作为父母，请记住：家庭是孩子的摇篮，是孩子生活、成长的地方，无论是好习惯还是坏习惯，都会在这里养成。对孩子的教育问题有太多迷惑的父母，一定要记住4个字：谨言慎行！

说到这里，大家也许会质疑："人非圣贤，孰能无过，我们又不是教育专家，总有疏忽大意的时候啊。"想要时刻都有好习惯，方法其实很简单，一个月培养一个好习惯。我们可以这样做：

第一，欲正人，先正己。

我们在要求孩子之前，先反省一下自己的行为有没有不当的地方。要想孩子心服口服，自己先做到，言而无信的父母是不能培养出讲诚信的孩子的。俗话说"虎父无犬子"，假如我们已经有很好的表率了，孩子怎么会学不好呢？

第二，提高自身修养，时时刻刻严格要求自己。

身为父母，要时刻记住不管做什么，不管有意无意，自己都是孩子效仿的榜样。因此，我们一定要注意自身的点滴行为，严格要求自己，不能有不当的言行举止，否则很容易给孩子造成负面影响。

第三，父母最好少"说"多"做"。

大多数时候，与其听我们没完没了的唠叨，孩子们更愿意看看父母是怎么做的。就拿教育孩子讲卫生来说，首先我们自己每天进门先去洗手，吃饭前洗手，我们做给孩子看比给孩子说连篇累牍的大道理要有用的多。父母的身体力行就是最好的教育范例。

既然给了孩子生命，我们就要对他负责任，一定要规范自己的行为，用正确、合理的行为举止教给孩子积极的生活态度与生活习惯，千万不能给孩子留下一串坏习惯的脚印，给孩子不良的引导与影响。

03. 坚持每天读书半小时

想必我们大家都知道，犹太人一直是一个崇尚知识、酷爱读书的民族。他们不看重家中有多少财富，而是以读的书多、藏的书多为豪。为了让孩子养成读书的习惯，犹太人会把蜂蜜涂在书上，让孩子对书产生好感，从而培养出读书的兴趣。

身为父母，我们都希望孩子喜欢看书，多学会知识，多掌握技能。如何能让孩子变被动学习为主动学习，从而培养起学习的兴趣呢？

我明白，让孩子喜欢读书和学习，不是靠简单的唠叨得来的。唠叨会产生两种结果：父母批评孩子，孩子却觉得父母不理解自己。其实教育孩子是复杂的"工程"，应该寻找最佳途径来指导孩子，父母的以身作则、言传身教尤为重要。

朋友的女儿上小学五年级了，她告诉我，虽然自己不是特别爱读书，但是为了能让女儿喜欢读书，首先她坚持每天读书半小时。一家人经常就某个知识进行讨论、交流看法。她还经常利用休息时间带着女儿去书店，让女儿看到同龄孩子读书的热烈气氛。

她的方法很好，因为对于孩子来说，他们会刻意模仿父母的行为。我们是孩子的读书榜样，当看到爸爸妈妈在读书，他们也会受到感染，对书产生兴趣。就像我朋友一家人，家庭里有了很好的读书氛围，他们的女儿也爱上读书了。

"活到老学到老"，这句话并不是只说给孩子听，想让孩子怎么样，自己必须先做到。大人首先要能做到爱学习，再来要求孩子爱学习。

我经常听见很多父母说："我的孩子对读书很反感，我怎么办呢？给他换了一个又一个家教，买很多精品的辅导教材，可他还是不喜欢读书，成绩始终都是倒数几名。"

在我看来，这类父母并没明白问题的根源是什么。督促学习和请家教都不能解决根本问题，因为孩子从心底排斥读书。读书的兴趣需要培养，要改变孩子的态度，需要智慧和耐心。比如，父母可以像我之前提到的那位朋友学习，每天抽一点时间和孩子共同阅读一本书，再把书中蕴含的道理讲给他听，再说明阅读的好处，让他们知道读书不是多难的苦差事。

　　我有一个表姐只有初中学历，识字不多，她在孩子 7 个月大的时候就开始教孩子识字，碰到她不认识的字，她就查字典。不管孩子能不能听懂，她都照例读书给孩子听。孩子长大一些，她就和孩子一起读书。孩子上学以后，往往是孩子在做功课，她也跟着学习。这个孩子从幼儿园开始就没上过补习班，但是成绩总是名列前茅，到哪都是书不离手。表姐也学到不少知识，前阵子拿到了自考的大专学历。

　　表姐学知识就像在和孩子"比赛"，你追我赶的情况下，两个人都有了大幅度提高。也因为表姐的带动和影响，她的孩子才迷上阅读，积累了大量知识，为优异的学习成绩做好铺垫。

　　在儿子上小学 3 年级时，学习成绩还算不错，但对读书不是很感兴趣，知识面仅限课本上的那些。于是我制定了一张读书计划表，和他各有一份，要求写上近期对哪本书感兴趣，从书中学会什么道理。起初儿子不以为然，计划表一直空白着。我则把最近读过的书写下来，包括书的大致内容都有所记录。儿子悄悄观察我的举动，有时也会拿过我的计划表看一看。没几个月，儿子就在计划表里填上《天蓝色的彼岸》，并认真做了读书笔记。

　　等儿子读过这本书，我问他："你从这本书里学会什么道理呢？"

　　儿子说："我知道了人是要宽容的，而且要热爱生命，哪怕在前进的路上不停跌倒，也要有走下去的勇气。"儿子一口气说完，信心满满。

　　我赞许地点点头："真不错，妈妈看了这本书都没有你领悟得多。"儿子不好意思地挠挠头，十足的成就感荡漾在脸上。

这件事让我体会到，好的知识要大家一起分享，这样既能使孩子有信心把书读好，又能促进家庭成员之间交流感情，以便共同进步。所以，亲爱的父母，从现在开始，你首先坚持每天读书半小时，一段时间后，你会发现：孩子也爱上了读书。

04. 宽容是一朵美丽的花，需要父母来播种

在儿子刚上小学一年级的时候，我给儿子买了一件纯白色的 T 恤，儿子非常喜欢，高兴地穿着衣服上学去了。放学回家，他一头扑进我的怀里哭起来，哽咽着说："妈妈，浩浩把我的衣服弄脏了。"我一看，T 恤上有一块很大的墨水污渍，儿子还在哭着，一边说："等浩浩穿了新衣服，我就弄脏他的。"我给儿子擦去眼泪，说："宝贝，你不能那么做，因为浩浩不是故意的呀，他弄脏了你的新衣服，心里肯定也很难受，你原谅他好不好？"

听了我的话，儿子停止了哭泣。他小声问我："妈妈，新衣服被我弄脏了，你生气吗？"我笑着说："当然不会啊，污渍是可以洗掉的，可是如果因为这一点点小事，你就和浩浩闹翻了，那才不值得呢。"儿子点了点头，相信他理解了我的意思。

每当儿子在学校里和别人发生了小摩擦，我都告诉他要懂得宽容，

先尊重别人，才能赢得别人对自己的尊重。如果自己犯了错误，希望得到别人的原谅，那么别人也是这样想的，尤其在不小心的情况下犯错，都希望对方可以原谅自己。

宽容是一种优秀的品质，让孩子学会宽容，与人友好相处，对孩子的身心健康有利，能让孩子更好的学习生活，更好地融入社会中来。

我看了少年儿童研究专家孙云晓的书——《爱心决定成长》，她是这样写的："爱心的培养决定孩子的未来，温暖的心灵成就健康的人生。一颗有爱的心，是健全人格的标志，是孩子健康成长的保证，而宽容才能拥有真正的爱。"

现在的孩子大多数都是独生子女，被父母宠爱时间长了，就变得以自我为中心，不能顾忌别人的感受，却对别人带来的一点点伤害耿耿于怀。孩子的天性是善良单纯的，是谁无形中影响了孩子呢？我想，很大程度上是我们自己。

一天早上，我刚踏进办公室，章小峰的奶奶就气势汹汹地拉着小峰走了进来，她很激动地说："你们有个叫陈洪山的孩子把我孙子给打了，他是不是应该负责？"说完，她指给我看小峰的胳膊。果然，小峰的右臂又红又肿，似乎伤得很严重。

"小峰，怎么回事？"我问。还没等小峰说话，他奶奶马上接过话来："就是那个陈洪山昨天打的，我孙子都成这个样子了，你们当老师的绝对不能偏袒那个学生，我一定找他算账！"老人越说越气愤，心疼孙子的情绪溢于言表。

我还是问小峰："跟老师说说，陈洪山为什么要打你呢？"小峰犹豫了一下，说："老师，昨天放学的路上我们闹着玩，我把他书包扔在地上了，他很生气，就推了我一把，我没站稳摔倒的。"我夸奖小峰是个诚实的孩子，然后叫来了陈洪山，两个孩子握手言和了。听到是自己的孙子有错在先，小峰奶奶的怒气顿时消了大半。

很多孩子一受了委屈，家长就心疼得不得了，教育孩子说："以后谁欺负你，你也欺负他，有爸妈给你撑腰呢。"要不就说："别怕，你打不过他，咬也咬一口。"孩子还小，不能分辨是非善恶，听到父母这样说，自然会"听话"的去做，形成"别人惹我了，我一定不能吃亏"的观念，对他们在学校和同学的往来非常不利，对他们将来步入社会也是不利的。

小区的一个妈妈给我讲过这样一个事情：

一位母亲带着她的孩子去度假村玩，那天度假村里面人特别多，由于工作人员的疏忽把孩子自己留在了滑雪场。等他们找到孩子的时候，小孩受了惊吓正哇哇大哭，工作人员一脸歉意地安慰这个孩子。孩子的母亲蹲下身，对孩子说："已经没事了，那个姐姐不是故意把你弄丢的，她因为找不到你而特别紧张和难过，你应该过去亲亲她，告诉她你很好，让她放心。"孩子听到妈妈这样说，就走过去踮起脚，轻轻亲吻了蹲在一旁的工作人员的脸，甜甜地说："姐姐别怕，我很好，放心吧。"

如果说宽容是一朵美丽的花，那么就需要家长来播种，在那个温柔的母亲告诉她的孩子去亲吻工作人员的时候，宽容已经深深扎根在孩子的幼小心灵中去了。在感叹那位母亲的同时，我们也应该想想自己平时是怎么以身作则的。要孩子学会宽容，我们首先要宽容和仁慈，用一颗爱心对待这个世界。

培养孩子的宽容之心，还要教孩子"换位思考"。当双方产生矛盾时，应该站在对方的角度想想整件事，想想他为什么要这么说、这么做，而不是只站在自己的角度思考，否则很容易走上极端。

我的儿子也在学校里和同学闹过矛盾。儿子是体育班长，组织上体育课的时候，有几个学生总是不遵守纪律，儿子命令他们站好队形，他们不服从，还和儿子吵了起来。儿子气呼呼地跟我说："期末的体育考试，我肯定跟老师告状，让他们全得零分。"

我跟他开玩笑："不至于吧？你不像公报私仇的人啊？"我知道儿子只是一时的气话，而且他自尊心很强，一时接受不了同学对他的抵触情绪，我又说："你组织他们上课并没错，但是不是你的方法不容易被人接受呢？跟他们说话不要用命令的口气，你们都是平等的。"

有缺点不可怕，没能及时纠正缺点才可怕，对于有缺点的人，要学会宽待他人，随时保持一颗宽容的心。

当然，宽容不是懦弱地盲从和退让，这一点我们必须向孩子说清楚，必须告诉他们，宽容是在明辨是非之后对同学、家人、朋友的体谅，而不是对坏人坏事的妥协与忍耐。

要知道，我们不可能一辈子当孩子的依靠，孩子必备的生存技能有很多。学会宽容是必不可少的。

05. 家长污言秽语，孩子出口成"脏"

身为父母，我们都有与孩子生气的时候，这是再平常不过的事情。当我们非常生气时，总会不经意间蹦出一两句脏话，更有甚者，对孩子一顿臭骂，污言秽语层出不穷。他们以为这样教训了孩子，却没想到因为自己的出言不逊让自己丢了身份，更让孩子无比厌恶。

上周末，朋友到我家来玩，跟我说了这么一件事。

有一天，她的丈夫去接女儿晨晨放学，刚进学校大门，就看到晨晨正站在一群同学中间，指着另一个女孩，大声说："你怎么这么笨啊，卫生到现在都没做完？等下扣分了怎么办？真不知道你爸妈是怎么把你养大的！"

女孩听完后，立马哭了出来，但是，晨晨似乎没有停下来的意思，继续指着女孩骂："哭哭哭！就知道哭！没用的东西，你有本事打我呀！"

看到晨晨这个样子，她气不打一处来，走过去对女儿骂到："死丫头，谁教你这么说话的！你看我今天回家怎么收拾你！"

谁知道，晨晨并没有悔过的意思，还跟她顶嘴："妈妈你怎么不讲道理呢！你能说我就不能说！我就是跟你学的啊！我不喜欢你了，我觉得你就是个废物！"

晨晨的话彻底让她震惊了。她没想到，自己在孩子心目中竟然是这样的；她更没想到，孩子居然对自己有这么大的敌意！

朋友对我说："那天我回家后特别伤心，毕竟是自己的女儿啊，不是他的敌人。但是，女儿为什么会变成这个样子呢？"

我对朋友说："还是要从你身上找问题。"

当孩子说脏话时，如果我们没有及时制止，并对孩子进行教育，那么孩子潜意识就会认为我们默认了自己这一行为。孩子对一切事物都有强烈的好奇心，他们希望通过某一种"与众不同"的行为吸引别人的注意力。当孩子说脏话时，我们也许会感到惊讶，也许觉得孩子好玩儿哈哈大笑。这时，孩子就会觉得说脏话能引起大人的注意，说不定还会博得赞赏，所以不辨好坏的孩子更乐意重复脏话。

现在有很多父母在教育孩子时，总是不能克制自己，采用打骂的方式教训孩子，出口成"脏"，对家庭环境造成非常严重的影响。但是大部分出口成"脏"的父母却不以为意，他们认为，自己的这种态度恰恰能凸显自己的权威，让孩子听话，于是乐此不疲，各种不雅的词汇成了口头禅。但是呢，我们又时常提醒孩子要讲文明，懂礼貌，这不就是心口不一吗？这样的我们怎么能够以身作则，教育好自己的孩子呢？

更重要的是，听着爸爸妈妈对"文明、礼貌"的强调，却又要承受一系列不堪入耳的脏话，孩子心里一定会这么想："难道这就是我的爸爸（妈妈）？他（她）真是两面派！"无形之中，孩子就会对父母的教育产生抵制，看不起父母的形象。在他们的眼中，父母毫无威信可言，因此接受父母的教育也成了无稽之谈。

如果我们不改变自己的行为的话，孩子迟早有一天也会成为出口成"脏"的人，以此来反抗我们的教育。正因为如此，有的父母才会发现，孩子在与自己交谈时，总会不时蹦出一个脏字，同时也表现出了不服、轻蔑之意。仿佛孩子在对家长说："凭什么我不能说脏话？你们有这个权利，我为什么不能有？你们怎么对我，我就怎么对你们！"

马克思曾经说过："你可以用各种行之有效的方法去影响孩子，可最好的方式还是你的行动。"我们不注意自己的形象，脏话连篇，不仅让孩子和自己之间的距离越来越远，还让孩子学习了自己的坏习惯，这是一件非常可怕的事情。因此，我们想找回从前与孩子的温暖美好，就要从改变自己做起，言出必行。"己所不欲，勿施于人"，自己做不到，就不要强加在孩子身上。这样，孩子才能感到你是个伟大的父母，值得信赖的父母！

我们不说脏话，是从根本上维护自己的形象，否则，孩子就会看不起自己的父母，更别说接受他们的教育了。所以，在家庭生活中，我们必须注意自己的一言一行。

06. 道德是世界上最为可贵的东西

我丈夫的同事老陈，经常对儿子小雄说的一句话就是："你管好自己就行了，不要多管闲事。"

有一次，小雄在学校里跟同学打架，班主任打申话通知家长来领人。

老陈怒气冲冲地跑到学校，二话不说就打了小雄的同学，不仅如此，还把老师数落了一顿，最后又和对方家长打得不可开交。从此以后，小雄在学校里横行霸道，没人敢惹他，成了学校的"小霸王"，而老陈也被冠以"霸王爹"的"美誉"。

有一天，我们两家一起聚餐，说到一位热心人，把一个被车撞倒在路边的老太太送到医院，最后却遭老太太家人诬陷的故事，老陈非常严肃的对小雄说："听到没，好人好事不能做！"

可以预见：在老陈的教育下，小雄长成人以后会是一个什么样的人呢？像老陈这种缺乏是非观念的教育方法是非常不可取的。但是，父母拥有正确的是非观念就能教育出好孩子吗？我没法给出肯定的答案，这要取决父母用什么样的方法教育孩子。

孩子在没有形成自己的世界观之前，身为父母，我们要告诉他们哪些是恶的，哪些是善的，哪些事情可以做，哪些事情不能做，我们还要给孩子实践的机会。"勿以恶小而为之，勿以善小而不为"，让孩子们从点滴做起，在生活中磨练自己的意志，提高自我控制、自我调节、自我转化的能力，从而养成良好的道德习惯，形成稳定的道德品质。

道德不仅是一种美好的生活方式，更是人生的一种境界，是和我们的生活息息相关的。假如我们能言传身教，道德则是世界上最为可贵的东西。

任何事情都有两面，如果我们只是把道德当成教育孩子的工具，觉得道德和自己无关，那真是太让人痛心了。想要教育好孩子，就要给孩子营造一个良好的家庭氛围。家庭氛围的好坏对孩子品德、性格的养成是起至关重要的作用的。为了陶冶孩子的情操并逐步形成良好的品德，家庭要形成团结友爱、民主自由、勤奋好学和勤俭朴素的好风气。

我们的行为会对子女造成潜移默化的影响，因此，我们必须以身作则，给孩子提供更多养分。我们对培养孩子道德意识责无旁贷。

几乎所有的育儿观念都在强调父母的榜样作用，父母是孩子的第一任老师，孩子的行为习惯很大一部分是受父母潜移默化的影响的。比方说，假如我当着邻居的面夸奖他们孩子是个听话老实的孩子，结果回家关上门就说人家的孩子太木讷，简直就是榆木脑子一个，这样的父母怎么会培养出道德高尚的孩子呢？

我曾经在微博上看到这样一则新闻，一个16岁的孩子在机场带着两个舞厅小姐，最后被警方发现可疑带回警局盘问。原来，这个男孩子的父母常年在外做生意，对孩子疏于管教，孩子就带着20万现金全国各地挥霍，还带着这两个小姐。当孩子的父母到公安局领人时，没有严厉的教育孩子，也没有向警方人员表示感谢，就这样把孩子带走了。可想而知，这个孩子以后改邪归正的可能性是非常小的。

那么，我们应该怎么在潜移默化之下实现对孩子的道德教育呢？以下几个小技巧是我如何教育儿子的，大家可以借鉴一下。

首先，要引导孩子正确地评价自己和别人。

当孩子还小时，对是非善恶的认识是不完全的，他们此时的世界观主要以大人的判断为依据。因此，我们对周围现象的评价，首先要辨明是非，分清善恶，给孩子树立爱憎分明的榜样。对于自己和他人的行为，我们可以先引导孩子去评价，然后再对孩子的评价加以补充。

比如，在公园里看到有人随手摘花，随地吐痰，就问："宝贝你看，这样做对吗？"孩子会说："不对。"我们可以接着问："为什么这样做不对呢？"以此来引导孩子对行为进行分析。慢慢地，孩子就能对各种行为进行独立正确的评价了。有了正确的评价就不难做出正确的举动了。

其次，丰富孩子的道德情感。

我们可以多带孩子观看积极向上的影视作品和动画片，借由各种故事情节告诉孩子是非观念，也可以用生活中的具体事例来感染孩子。

然后，注重训练孩子的道德行为。

有句话这样形容孩子的情绪"六月的天，孩子的脸，说变就变"，由此可见，孩子们的情绪是很不稳定的。因此，孩子的道德认识常常和道德行为脱节。对于这种情况，我们更要加强对孩子的督促和引导。当孩子做得正确时，要及时鼓励。比方说，但我们看到孩子和小伙伴们一起分享零食，就可以对他说："你真棒，真是个懂得分享的好孩子。"

看到有人随手乱扔垃圾，要告诉孩子说："这是很不文明的行为，你不可以乱扔垃圾哦。"我们这种鲜明的是非观，能给孩子留下很深刻的印象。孩子以后遇到类似的事情，也会有同样的看法从而形成正确的价值观。

最后，要注意尺度的把握。

在教育孩子时，我们对是非善恶的把握不能太苛刻，要允许孩子犯错误，过于苛刻的道德教育会抹杀孩子的天性，好孩子不等于呆孩子。

07.管理好自己的情绪，留快乐和笑脸给孩子

现代社会的生活成本很高，竞争日趋激烈，大多数父母背负着很大的心理压力，回到家要是看见孩子把家里弄得一团糟，或者带回来糟糕的成绩，我们的负面情绪就再也控制不住，向孩子发起火来。

在我还没生孩子的时候，经常见有的父母把孩子骂哭，那时的我觉得他们真是过分，非要用这么激烈的方式对待孩子吗？有什么事不能好好说呢？再说了，把孩子弄哭难道就解决问题了吗？等到我自己有了孩子后才发现，要做到完全不对孩子发火，是非常不容易的。

有一次周末，我要出去做一些事情，丈夫决定带着儿子去玩滑板。等我结束回家后，发现他们也已经回来了。我有些惊讶，要是以往，不玩到天黑，这父子俩是不会回来的。丈夫在书房，我问他儿子在哪里，老公有些生气地说："我让他在房间里反省呢！"

原来，丈夫本来打算带儿子去玩滑板，临走时单位打电话来说有急事要开视频会议。于是，丈夫告诉儿子，说今天去不了了。儿子听后，很生气地说爸爸不讲信用，说好去滑滑板的，结果要开会，一定要爸爸兑现诺言。而临时发生的事情本来就让丈夫很不高兴，所以他和儿子说话没有了以往的耐心，训斥了儿子几句，叫他自己先玩，说如果事情解决得顺利就带他出去玩，如果不顺利那就只能待在家里了。

中间丈夫也关注过儿子的情况，发现儿子在画画，把颜料弄得满身都是，连刚换上的新床单也脏了一片。看见这种情景，丈夫气不打一处来，勒令儿子弄干净自己和床单。儿子还是比较懂事的，知道弄得这么脏不

对，所以就想用水洗掉，可颜料不是这么容易洗的，怎么洗也洗不掉。最后儿子灵机一动，找了把剪刀，把衣服和床单上脏的地方都剪掉了，使得衣服和床单千疮百孔，而这更是把丈夫气得七窍生烟，因此才叫他在房间里反省。

听完丈夫的叙述，我赶紧去看儿子，孩子在房间里哭着，看见我立刻朝我扑来，嘴里委屈地说："妈妈，爸爸坏！"

丈夫一听，更加生气："叫你反省，你就反省了爸爸的坏？"

我赶紧让丈夫先出去，擦了擦孩子的眼泪，又亲了亲他的小脸蛋："宝贝，妈妈知道你今天不开心了。"

等他稍微平静了一点，我耐心地跟他说："爸爸答应你要去滑滑板而后来没去所以你不高兴对吧？爸爸是因为突然遇到了事情，所以没办法。但是爸爸应该好好跟你商量，如果他把苦衷告诉了你，你这么懂事，一定会体谅爸爸的对不对？"

孩子含着眼泪点了点头："爸爸不讲信用，还凶我。"

我又搂了搂儿子："这点爸爸做得不好。其实爸爸也是着急，想把事情尽快处理好，就能带你去滑滑板了。可是爸爸应该忘记把这番用意告诉你了。如果你选择体谅爸爸，爸爸就能全心去处理事情，这样就没有后来的事了。不管是爸爸妈妈还是你，都会犯错误。我们犯了错误希望得到别人的原谅，那别人犯了错误，我们应该怎么办呢？"

儿子奶声奶气地说："也要宽容别人。妈妈，那我把床单和衣服剪坏了，你也会宽容我吗？"

我笑着拍拍儿子的小脸："当然会啊。其实儿子想到要把脏的地方剪掉很有创意啊，虽然你把床单和衣服剪坏了，但是以后你就知道这个办法不能解决问题了。这也是一种收获！"

安抚完了儿子，我却见丈夫还有点气鼓鼓的。我笑着问他："如果今天你自己心情很好，面对儿子要求兑现诺言的时候，还会不会这么生气？"丈夫想了想说："应该不会吧，主要是临时发生的事情有点棘手，甚至本不应该发生的，我就有点恼火，看见儿子又不肯体谅，就动了气。"

第二天，丈夫把事情解决了，他又恢复到了以往的状态。丈夫有些内疚地跟我说昨天他对儿子太严厉了一点，不应该把对工作的坏情绪发泄在儿子身上。对儿子而言，等于被爸爸放了鸽子。要是他自己满心期待地想出去度假，突然因为有事去不了了也会不高兴，何况只是一个10岁的孩子。

不只是丈夫，有时候我工作时，被儿子连番打断后再也找不到之前的状态，我也会很恼火。可孩子总归是孩子，即使再懂事的孩子，也会有任性的时候。而我那时候心中本来就不爽，加上碰到孩子任性，于是怒火更加旺，甚至会想养个孩子根本就是自己找罪受，不但帮不上忙，还尽添乱。可是当情绪平静下来的时候，就会为这样的想法内疚，孩子给予我们的快乐，恐怕是任何财富和成功都无法比拟的。

常听一些妈妈抱怨，自己上班快要迟到了，孩子还赖在床上不肯起来，怎么叫都磨磨蹭蹭的，脾气自然而然就上来了。我非常能理解这种心情，父母看起来也非常有生气的理由，但是生气并不能解决问题。我们在面对这些情况的时候，存在一个问题，那就是我们总拿成人的标准去要求孩子，希望孩子从小就能分轻主次、明辨是非、少犯错误，懂得体谅大人。所以一旦孩子的表现不尽人意，或者违背了我们的期望，我们就克制不住自己的怒气。

其实，孩子毕竟还是孩子，他的大脑都没有发育完全，还有很多能力尚未培养起来，比如自律能力、分析能力等，所以他经常做事情颠三倒四、丢三落四，甚至懵懵懂懂。这些对于孩子来说，再正常不过。如果家长希望孩子能够懂得自律、分轻主次，那就要克制住自己的脾气，耐心地帮孩子培养这些能力。

另外，我们在养育孩子的时候要有一颗平常心。养育孩子的过程肯定是快乐和烦恼并存的，我们不应该只希望享受孩子带来的快乐，而摒弃孩子带来的烦恼。孩子还没有高明到能够捕捉我们的情绪变化，因此常常无意中惹恼我们。有些家长在生活或者工作中积压了很多压力，这些压力无法得到有效释放，于是带回了家中。当我们被压力和情绪控制的时候，回到家看见的不是孩子的优点，更不是孩子可爱的举动和灿烂的笑脸，而是被放大的缺点，一些本来无足轻重的小事都可以成为我们大发雷霆的导火线，孩子往往不小心就成为回收我们情绪的出气筒。

我们在情绪上的控制能力对孩子有深远的影响。一般来说，孩子的性格中有着父母的影子，甚至孩子在控制自身情绪和解决问题的行为上都有家庭的烙印，所以身为父母，我们有责任让孩子拥有积极阳光的心态。

心理学家很早就研究出情绪对孩子自身发展的影响。当孩子的情绪处在积极状态时，他是快乐、放松、有着丰富想象力和创造性思维的孩子。如果孩子长期处在消极情绪中，不但想象力和创造性思维被干扰，还会养成多疑、易怒、孤僻的性格。所以，我们替孩子营造轻松和谐的家庭氛围是责无旁贷的，这比给孩子富裕的物质生活更重要。

在本章的最后，我很想对所有父母说一句话：留快乐和笑脸给孩子，把坏情绪留在外面。当孩子犯错误时，我们首先要做的是不要粗暴地吼叫，而是控制自己的情绪，帮孩子分析错误的原因、后果，找到改正方法。

诚然，虽身为父母，但我们也有着七情六欲，要做到完全没有情绪，是一件几乎不可能的事。所以，我并不是要求所有的父母都成为一个毫无情绪的人，而是想让大家在孩子面前，尽可能地控制自己的坏情绪。这也许并不是一件容易的事，但是习惯都是慢慢养成的。很多父母表示，经过一段时间的努力，其实控制情绪也没那么难。

第五章 与其抨击 15% 的丑恶，
不如发现 85% 的美好

~~~~~~~~~~~~~~~~~~~~~~~~~~~~~~~~~~

　　每个孩子的生活都有不如意，也会经历种种苦难的折磨，这时父母不能一味地抨击这些丑恶，因为抨击只会将这些不愉快传递，丝毫不会减轻孩子的痛苦，而生活的丑恶面依旧存在。正面管教的哲学是一种不抱怨，让孩子拥有正能量的心态，不去抨击生活 15% 的丑恶，学会发现那 85% 的美好。

~~~~~~~~~~~~~~~~~~~~~~~~~~~~~~~~~~

01. 微笑面对生活中的每一天

微笑是全世界通用的语言，是全世界最美丽的表情。没有什么事情能比一个发自内心的微笑更能打动人心。有句话说，爱笑的人，运气不会太差，经常微笑能使人感到愉快。

我在论坛上看到过这样一个故事：

在加州，有一位 6 岁的小女孩，一天，一个偶然的机会，让她获得了 4 万美元的捐款，这到底是怎么回事呢？消息一经传出，轰动整个加州，不少媒体来采访这个小女孩和她的家人，想一探究竟。

有一个记者问这个小女孩："小朋友，你是怎么遇到这个给你钱的先生的呢？"

小女孩说："我并不认识这位先生，就是在路上遇见的。"

记者又问："你真的不认识吗？他为什么要给你那么多钱，4 万美元不是个小数目。或者，你觉得那位给你钱的人，是不是精神有问题？"

小女孩面带微笑的说："我真的不认识那个人，我觉得他的精神并没有什么问题，至于他为什么给我这么多钱，我也不知道啊。"尽管记者用尽一切方法追问，仍然无法探出个究竟。

这个小女孩歪着头想了想，过了一会儿，她对坐在身边的父亲说："我想起来了，那一天，我刚好下了校车回家，走在路上遇见了那位先生，然后对他笑了一下，就是这样啊。"

记者仿佛觉得谜底就要揭晓了，紧追着问："那你还记得那位先生对你说了什么吗？"

小女孩想了想回答："他说了一句'你天使般的微笑，化解了我多年的苦闷！'你们知道什么是苦闷吗？"

原来那位给小女孩钱的先生是一位大富翁，但是他过得并不快乐。他一直板着一张冰块脸，小镇上没有人敢跟他说话。那天，他偶然遇见这个小女孩，对他露出了天真的微笑，让他心中渐渐温暖了起来，让他尘封了不知多少年的心扉打开了。

于是，这个富翁决定给小女 4 万美元，他觉得，当时小女孩给他的温暖值得这个价格。

微笑是人类最动人的表情，是最美好的语言。微笑能拉近人与人之间的距离，当你发现周围的人都对你微笑时，你会感觉生活变得无比轻松。

生活是一面镜子，你对他怎么样，他就会对你怎么样。你若对生活报之以歌，又怎会不快乐呢？相信在微笑和睦环境中成长起来的孩子，一定会非常优秀。国外教育学家多罗茜·洛·诺尔特曾说：

生活是一面镜子，你对着它笑，它也对着你笑。一个微笑面对生活的孩子，总是乐观自信、积极进取的。国外教育学家多罗茜·洛·诺尔特曾说："如果一个孩子生活在批评之中，他就学会了谴责；如果一个孩子生活在敌意之中，他就学会了争斗；如果一个孩子生活在鼓励之中，他就学会了自信……"

由此可知，如果一个孩子生活在微笑之中，他自然也就学会了微笑。当孩子学会了微笑，也就懂得了生活的意义。

我们的生活离不开微笑。微笑是连接友谊的桥梁，是沟通人们心灵的调和剂。当我们明白微笑的重要性之后，就要经常微笑。不仅如此，还要告诉孩子，脸上要时刻保持微笑的表情，让孩子拥有一个健康的人格、快乐的童年。

2007年，我有幸在现场观摩了"希望英语"的决赛，我对青岛选手张宇琦的印象很深刻。我之所以能记住他，不仅仅因为他拿了冠军，还因为他在最后一场冠军PK赛中，不管对手能力如何，他的脸上始终挂着微笑，在对手陈述观点的时候，他在微笑；当自己在发言的时候，他在微笑；当面对评委的提问时，他在微笑；最后，主持人宣布成绩时，他依然面带微笑。

张宇琦用自己良好的英语口语表达能力和丰富的知识征服了评委和观众，也用他的微笑征服了所有的人。

因此，常常微笑的孩子，运气也不会太差。由于他自信的面容，会给大家留下深刻的印象，成为大众的焦点。想要孩子性格开朗，就要让孩子像花儿一样微笑。

要培养孩子乐观开朗的性格，微笑面对生活中的每一天，我是这样做的：

第一，用正面的、积极的情绪去感染孩子。

假如我们自己本身就性格内向，不爱与人交往，脸上常常冷若冰霜，从不微笑。那么我们性格中那些负面、消极的因素也会影响孩子。渐渐地，孩子也会和我们一样内向，不愿意微笑。因此，我们有积极、正面的性格很重要，要用积极的情绪去感染孩子。

第二，要为孩子创造一个温馨、和谐的家庭氛围。

假如孩子在一个温馨、乐观的环境中长大，孩子的世界一定是充满阳光的，没有阴暗、消极的影响，孩子的心胸自然会变得很开阔，脸上肯定也会笑容满面。由于家里的长辈互相关心、互相尊重，孩子潜移默化地感受到后，在外也会尊重他人，理解他人，赢得他人的信任和友谊。

第三，不要强迫孩子和自己同悲同喜。

有的父母白天上班工作压力大，晚上回到家后就唉声叹气、无精打采，甚至把孩子当成"出气筒"。我们这样无缘无故地斥责孩子，甚至对孩子大打出手，对孩子的性格养成会造成极其负面的影响。其实，孩子也有自己独立的人格，我们不应该要求他们无论什么事都与自己保持"步调一致"，更不能强求他们与自己同悲同喜。

孩子的天性就是活泼的、乐观的，之所以会有悲观的孩子，大部分都是受我们影响的结果。当我们发现自己的孩子不爱微笑，首先要反省自己的行为，是否最近做了某些事打击了孩子的自信，切勿将自己的外因影响孩子的内因，影响孩子活泼、乐观、开朗的性格。

我们的乐观能让孩子充满自信与活力。无言的微笑传达着一份信任与理解，蕴含着一种真诚与关爱，代表了一份支持与赞许，可谓此时无声胜有声！在我们长时间地影响下，孩子也会带着微笑，带着自信面对未来的挑战，不管前路多艰辛，他们都有信心走下去。

从现在开始，不要吝啬自己的微笑，多用微笑来鼓励自己的孩子吧！

02. 指出阳光的一面，而不是眼中只有阴霾

我的班上有个女孩子，脸上总是带着与年纪不符的忧郁。虽然也是按时上课，认真听讲，可是性格非常内向，对什么都提不起兴趣，一副恹恹的表情，同学们也很忽视她。我让她带我到她家进行家访，刚到门口，就听见屋子里传出争吵声和摔东西的声音。再看看她，没有任何反应，就好像吵架的不是她的父母一样。

我和她的父母在客厅聊起来，谈及孩子自闭的性格，她的妈妈抱怨开了："我们这么辛苦为了什么？还不是为了她？这孩子一点儿都不让我们省心。"

"她还是很听话的孩子，就是不太爱和别人交流。"我说道。这位妈妈马上激动起来："我不许她跟别人来往，社会太复杂了，坏人又多，万一出事怎么办？"接着，她开始跟我抱怨工作的繁重，教育孩子的压力，唉声叹气贯穿了整个谈话过程。

我明白了这个学生的症结所在，她的父母经常因为一些琐事吵架，

父母给了她消极的情绪，在无形中告诉她：社会很凶险，一定要小心再小心。而且她妈妈的话语中，无一不透露出对琐碎生活的失望甚至是绝望，试问孩子又怎么能积极向上呢？

"小小少年，没有烦恼，四周明媚阳光照……"这是一部著名电影《英俊少年》的主题曲，电影中那个无忧无虑的孩子形象博得了很多人的喜爱。身为父母，我们更是希望自己的孩子能保持"英俊少年"那样的阳光心态。

什么是阳光心态？我认为包含了很多内容，阳光心态应该是一种乐观向上、积极进取的心态。

尽管我们和老师都想让孩子能变成"阳光男孩"、"阳光女孩"，却仍然有不少孩子心胸不开阔、胆怯自卑、逆来顺受、孤僻不合群等等。生活中，一些父母不懂得如何培养孩子的阳光心态，导致孩子的心灵发展不健全，消极地学习生活着。

其实，培养孩子阳光心态的方法很简单，那就是我们拥有好的心态，这是塑造孩子阳光心态最为关键的一步。就算孩子对人生有所怀疑，我们也应该给孩子指出阳光的一面，而不是眼中只有阴霾。

和上面那个忧愁的女孩子相比，另一个学生小琴就是个师长喜爱、同学欢迎的乐观孩子，她妈妈说："每次一看到孩子的笑脸，就算有什么不开心的事，也都烟消云散了。"小琴的乐观和积极，和他父母成功的教育方式是分不开的。

小琴的父母很开明，他们让小琴自由地表达想法，这让孩子感受到了自己是被尊重和信任的，让孩子明白了自己在家庭中的价值。父母平时让小琴参与到家庭事务中，如果小琴有什么还不成熟的意见，他们就直言不讳地指出来，而不是违心地夸奖。

起初小琴的父母为了培养孩子的兴趣，给她报了兴趣班让她学美术。可是慢慢发现小琴并不喜欢美术，一坐在画板前就很烦躁，父母经过商量之后，决定根据孩子的喜好让她自己选择。小琴对植物很好奇，于是父母经常开车带小琴去郊外接触大自然，帮她认识更多的植物，还带她去图书馆查相关资料。有时，他们也会弄一些植物标本，供小琴"研究"，给了小琴莫大的支持。

此外，他们还非常重视小琴和其他同伴的交流。平时，小琴经常带同学到家里做功课，然后一起讨论问题。在讨论中，小琴逐渐认识了自己的优势和不足，自己的想法被同龄人认可，内心的满足和自豪感是很强大的。

"没有什么比给孩子自主的空间更好的了。"小琴妈妈这样说。她的话非常有道理，孩子的阳光心态就是在我们的信任与尊重中培养出来的。

从小琴的成功案例中，有两点值得我们学习。一是要清楚孩子们追求的是什么，他们的特点是什么。按照孩子的特点"量身定制"适合他们的教育模式，才对孩子的教育有利。孩子们有思想，总希望我们能把他们当成年人看待，所以我们在孩子面前不应该摆"老资格"，而是把孩子放在平等的地位上对话。

二是要给孩子营造宽松、民主的家庭环境。和谐的家庭氛围能给孩子带来愉悦，家庭中提倡民主，能给孩子足够的自信。如果想法还不成熟而受到批评，孩子非但不会认为伤害了他的自尊心，反而会觉得是对自己的尊重。无论是乐观向上的情绪，还是消极被动的情绪，都是内心追求外界认同的表现。

我的儿子以前比较害羞，不敢表现自己，但是他的语言词汇掌握得很好，记忆力非常强，脑筋灵活。一次学校组织元旦晚会，老师要找一个孩子共同主持，选定了儿子，并要求他在一周内把台词背熟，儿子毫不费力地就记住了台词。预演的时候，儿子的自信不断增加，后来在晚会上，他没有辜负老师的期望，表现得特别出色，赢得了观众们的热烈掌声和校长的夸奖。

可见，挖掘孩子的潜力和特点也能帮助孩子建立自信。正是因为老师充分挖掘了儿子的特长，才使儿子信心倍增，不再内向害羞了。

孩子因为父母、老师的理解和关爱而懂得珍惜生活、热爱生活，因为受到表扬而变得快乐、自信。在孩子的成长过程中，会遇到许多问题，我认为有两句话能让孩子受益：不能改变环境就适应环境，不能改变事情就改变对待事情的态度。

儿子上学的时候遇到这样一件事，班里一个男生总是偷用别人的东西，儿子的雨伞就被他用过。儿子跟我说："我们几个朋友商量了，哪天非揍那个男生一顿不可。"我认真地看着他，然后说："东西已经被用过了，这是改变不了的事实，你们应该跟他讲道理，而不是用暴力来解决问题。"儿子恍然大悟。

教孩子转变对待事情的态度，往往有不错的效果，这样孩子才不会一味地"钻牛角尖"，而是换个角度重新观察、更好地分析问题并加以

解决。

乐观积极的人生应该从拥有阳光心态开始，用我们的力量影响孩子吧！让孩子成为优秀的人，拥有阳光心态。

03. 给孩子创建一个安全的语言环境

我的同事要去外省培训 1 个月，她爱人也经常出差，他们就把 3 岁的女儿婉婉送去奶奶家住了几天。等同事回来以后，发现婉婉变化很大，不像以前那么活泼了，不开灯不敢睡觉，不敢一个人上厕所，有时半夜还会偷偷溜进她的房间要跟她一起睡。孩子的反常引起了同事的警觉，她跟婆婆打电话交流之后才知道。婉婉到奶奶家很不习惯，总是吵着要爸爸妈妈，奶奶好话说尽还是不起作用，后来奶奶很严肃地说："你再哭，大灰狼来把你叼走。"婉婉果然不哭了，可是胆子却变得很小，性格也越来越内向。

很明显，是奶奶的一句话给婉婉带来了恐慌，对于年龄还小的孩子，语言既能起抚慰情绪的作用，又能引起情绪的波动。所以我们应该给孩子创建一个安全的语言氛围，让他们拥有快乐的心态。

婉婉奶奶用威胁的语言与孩子讲话，给孩子带来了"不安全"的信号。在幼儿时期，孩子不会理解太复杂的情绪，只能根据大人面部表情、语言、动作来判断，他们会把我们说的话当真。如果我们说离开，他们会认为真的离开，很多父母在孩子不听话的时候都会用威胁的语言，殊不知这种方式对孩子的心灵造成损害，大大破坏了孩子的安全感。而且，孩子一旦识破了父母的假招数，认为反正是假的，以后更会任性胡闹，越发不听话。

孩子缺乏安全感，如果我们没有认真对待的话，在孩子逐渐长大的过程中，可能会发展为多方面的心理症状，比如抑郁症、人群恐慌症、厌食症、强迫症，等等。

那么，孩子为什么会缺乏安全感呢？我认为，根本原因就是在孩子年纪尚小时，我们没有给他们创造安全的氛围。都说父母是孩子的第一任老师，我们的言行举止时刻都在影响着孩子。语言作为沟通的重要工具，应当引起我们的足够重视，给孩子一个安全的语言环境。

什么是安全的语言环境呢？就是抛弃那些含有威胁、恐吓、粗暴的语言，改为亲和、关切、温柔的语言。安全的语言环境对孩子的成长起至关重要的作用，它给孩子带来安全感，让孩子放心、安心地成长，从而拥有良好的心态。

有一次我去超市，看见一个几岁的小男孩正跟爸爸撒娇要东西，爸爸不给他买，他就一屁股坐在地上哭起来。围观的人渐渐多起来了，当爸爸的觉得很没面子，佯装抬手打孩子，说"再不听话我打你了！"孩子的哭声非但没停止，反而闹得更凶了。

气愤至极的父母经常在动手前警告：你如果不听话我就打人了。这样的话不乏空洞，不起什么实际效果。恐吓不利于塑造孩子的良好心态，却能造成孩子懦弱、胆小的性格，不要忘记，打骂是失败的教育手段。

缺乏安全感的孩子在成年以后，容易养成极端的性格。

周末的时候，我在电视里看了一部纪实片，名为《折翼的天使》，片中那个叫佳薇女孩的命运让我久久不能释怀：

今年20岁的佳薇在家里排行老二，她有个哥哥和一个妹妹，从小就缺少足够的关注和爱。父母把爱都分给了家里唯一的男孩和最小的妹妹，使得佳薇夹在中间，受着不公平的待遇。父母对佳薇是极为暴躁的，家里条件不是太好，佳薇高中辍学在家务农。同龄的朋友想和她一起去城里打拼，可是佳薇害怕，没有文化又非常柔弱的她很自卑。每次面对父母的打骂，她都是退缩的，因为只要她表现出"不服气"，父亲又是一阵毒打。

佳薇从不会反抗，她是那么乖巧，甚至连父母给安排的亲事也没有推脱。可就在她结婚的前两天，佳薇选择了自杀。

"我不满意，可我不敢说。"自杀未遂的佳薇虽然捡回一条命，却落下了终身残废。

据邻居反映，佳薇非常懦弱，即使是去杂货店买东西，她都不敢主动跟老板谈话，老板只能看她的视线停留在什么地方，问她是不是要什么，她想说是，又不敢说，最后还是父亲等急了，去杂货店把佳薇领回来，自然又是少不了责骂的。

佳薇长期在父亲恐吓和威胁的语言中，已经变得极度懦弱，养成什么都"不敢"的性格，美好的青春也在她缺乏安全感之中度过，丧失了独立人格。

爱和安全感是人格健康的基础。好的教育方式能帮助孩子成长，坏的教育方式则羁绊了孩子幸福。孩子是很敏感的，我们的一些问题会深刻引起孩子的心理变化，特别跟孩子是否有安全感相关联。聪明的父母懂得遇事先稳定自己的情绪，在跟孩子的沟通方法上不用威胁与回拒，给他们安全的成长空间。

我带儿子去朋友家玩，儿子看到琳琅满目的玩具很开心，很快就和朋友的孩子玩到一起了。我和朋友聊天时，无意中发现原本还兴高采烈玩着的儿子，突然一脸失落地站在门口，我招呼他过来，然后问："怎么不继续跟小哥哥玩了呢？"儿子小声说："他总是占着玩具不让我玩，我不想跟他玩了，我们回家吧。"一听儿子这么说，朋友很尴尬，到了她儿子的房间劈头就是两巴掌："为什么不给弟弟玩，你这孩子真自私，一边待着去。"小男孩惊恐地退到了一边，朋友又哄儿子说："去玩吧，他如果还霸占你的玩具，你就告诉阿姨，我教训他。"儿子又开心地去玩了，朋友的孩子眼巴巴地看着，动都不敢动。

我知道小男孩是害怕了，看儿子的样子，也是不会管这个小哥哥的感受的。我拿着糖果走到儿子身边，说："宝贝，把这些糖果给哥哥吃好不好？哥哥也希望玩玩具，你想个什么办法让哥哥也能玩呢？"儿子偏着小脑袋想了想，接过糖果递给朋友的孩子："哥哥，吃糖吧，我们一起玩，卡车是你的，拼图是我的。"两个孩子又重归于好了。

我们让孩子从小学会分享，学会体谅别人的情感，这是在一定基础上的。像我朋友那样带有威胁的话语并不可取。有时，孩子不愿意把东西给别人，这是很正常的现象，我们不应该强迫他。首先我们要懂得尊重孩子，再施加一些小技巧让他转移注意力，让孩子觉得父母是信任我、爱我的，他们不会强迫我做自己不喜欢做的事情。等到孩子明白了这个道理，建立起安全感以后，我们就会惊喜地发现，孩子其实是很愿意配合我们的。

需要提醒大家的是，亲子关系是父母与孩子互相学习的道路，如何更好地沟通，如何用爱心缔造美满的生活，都是值得我们思考的。当我们的孩子长大以后，回望年少的路，感觉温暖和幸福，我们的教育才称得上成功。

04. 积极的暗示，力量究竟有多大

"暗示"究竟有多大的力量呢？我在想这个问题的答案时，有一个小故事总是闪现在我的脑海中：

有一个人特别喜欢新鲜空气，如果房间很闷，他就会浑身不自在。一年冬天他去别的城市旅游，住进了当地的高档宾馆，因为天气很冷，宾馆的窗子全都上了锁，室内还开着空调，这个人睡到半夜醒来，感到胸闷气短，无法呼吸。他实在忍无可忍，迫切地想呼吸新鲜空气，于是就用鞋子狠狠朝着玻璃模样的东西砸过去，听到玻璃哗啦啦破碎的声音，他才安心地睡觉了。第二天早上他醒来，发现完好如初的玻璃和碎了一地的镜框。

他明明没有砸碎窗户，为什么没有之前那种胸闷的感觉呢？这就是心理暗示的力量。他听到了玻璃碎掉的声音，误以为空气通畅了，之前难受的感觉自然消失了。

同样，在孩子的成长过程中，或多或少都有一些暗示影响了他们。积极的暗示帮助他们树立信心，拥有良好的心态，而消极的暗示则破坏了孩子的心情，不利于良好心态的塑造。

在生活中，我经常看到这样的情形：当孩子即将参加重要的考试时，父母叮嘱孩子"千万不要紧张"；孩子学习成绩有所下降，父母就斥责说"你真是笨死了"；孩子挑食，父母又袒护说："他不愿意吃青菜。"这些都在无形中助长了孩子不好的倾向，产生与父母意愿相反的效果。

我以上所说的就是负面暗示，负面暗示消极心态。孩子年龄小，容易受到暗示的影响，有的父母对孩子说："你根本就不是学习的料，退学算了。"这是典型的消极暗示，时间长了，孩子的自信会渐渐消失，怀疑自己否定自己。

隔壁班有个男生几乎每天都迟到，老师批评了很多次也没改正，老师只好请来家长。男生的母亲领着男生到了我们办公室，他的妈妈开口道歉："这孩子就是不懂事，平时特别懒，都怪我们家长没有教育好。"说完，她又转向孩子："你又笨又散漫，还不听话，快跟老师说对不起！"母亲大声呵斥道。我能看出，孩子的表情很尴尬，脸红一阵白一阵，无论母亲怎么责骂，他就是一言不发。

这位母亲太过愤怒，以至忽略了孩子的感受。在办公室这么多老师面前，孩子被母亲批评得一无是处，自尊心受了伤害，眼里流露出胆怯和自卑。试想一下，如果他的母亲不是声色俱厉地指责他，而是给一些积极暗示，可能孩子会自觉意识到自己的错误。

我和他的老师商量了一下，又私下跟那位母亲交流，让她在家里多给孩子一些肯定和鼓励。第二天再上学时，男生又迟到了，他的老师没有再批评，而是说："你今天就有进步嘛，比昨天早了一点，希望你明天能按时到学校。"男生不好意思地笑了。

几天时间，男生有了很大转变，不但不迟到了，有时候还早到一会儿，帮助值日生打扫班级卫生。

由此可见，孩子都想要多一点的正面教育，我们对他们的积极暗示有助于帮助他们树立信心、改正缺点。

相信我们都有过类似的经历，比如越告诉自己别紧张就越紧张，越想记住一篇文章，大脑越是一片空白。因此，坚持给孩子积极向上的正面暗示，对孩子的塑造良好心态、健康成长非常有好处。

给孩子积极暗示，我们首先要有个好心态，注意别把自己的负面情绪加在孩子身上。孩子都是要求进步的，但是智力发育各有不同，不可能每个孩子都是"第一名"。不少父母接受不了孩子的考试成绩不理想，如果孩子的排名不理想，更会大发雷霆。我不赞同这种"以考试论英雄"的做法，考试只是个形式，关键是要孩子掌握学习的技巧，排除做题中的困难，形成好的学习习惯，而不仅是要求孩子有个好名次、好分数。

在儿子上小学4年级时，有一次期中考试成绩不是很好，成绩公布后，儿子一整天都闷闷不乐。我说："这次考试总的来说虽然不太理想，但是你尽力就好了，起码比上次有进步。"然后我和儿子一起分析了考试失利的原因，各科的难点、重点。他的其他科目还不错，数学的分低一下子把他总分给拉下去了。我又说："妈妈相信你一定能学好数学,加油。"

"加油！"儿子信心十足地响应我。学会给孩子减轻压力，教育中融入鼓励，才能算是成功的教育，爱有多少，鼓励就应该有多少。

有个朋友跟我说起她的困惑，她带着儿子小兵去姐姐家做客，她姐姐家的女儿桐桐比小兵大半岁。两个孩子玩"扮家家酒"的游戏，突然，小兵抱住桐桐亲了一口，大人觉得很有趣，都哈哈大笑起来。可是从那天开始，小兵特别喜欢"亲"其他小朋友。

小兵的行为是受到大人影响的，他偶然"亲"了桐桐，引得大家关注并大笑，这就给了小兵一种暗示："大家喜欢我这么做。"于是他就经常故技重施。如果父母那时不注意孩子的行为，只要表现出冷淡或者故意忽视，孩子觉得大家不感兴趣了，自己也就不会重复行为了。

这件事再次证明，大人的言语、行为对孩子的暗示作用是巨大的。生活中，我们要时刻注意语言的运用，不要给孩子带来伤害。

给孩子积极的暗示，我们还要学做"有心人"，善于发现孩子的长处，并及时肯定加以强化，把孩子的长处淋漓尽致地展现出来。

在儿子上幼儿园时，一天，我去幼儿园接他，就和他的老师聊了一会儿。老师一边称赞儿子乖巧聪明，一边指着另外一个在等待家长的孩子说："这孩子的妈妈有时候就是太粗心了。"原来，这个孩子刚上幼儿园的时候，把在课堂上画的小房子给他妈妈看，他妈妈说："你画的这是什么呀？哪有绿色屋顶的房子？"之后随手把画扔茶几上了，孩子当即大哭，以后都不喜欢上美术课了。

其实这是孩子的一种创意。有创意当然也是孩子的长处，可惜他的创意被妈妈嘲笑了一番。如果这位妈妈换种方式问："能告诉妈妈为什么给房子安个绿色的屋顶吗？"这样询问是不是好一些呢？问话的本身就包含了一种肯定。

给孩子积极的暗示，我们还要有足够的耐心，运用恰当的方法。比如孩子不听话，喜欢跟我们顶嘴，我们可以说："你一直都是挺乖的孩子，如果再听话一点就更好了。"如果发现孩子在某个方面取得了进步，还可以说："我就知道你很棒！"但是赞扬的话也不要经常说，否则会助长孩子自负的心理。

积极的暗示也是要讲求策略的。例如，孩子要参加大考试，一定要给孩子营造出轻松的环境氛围，不要给他压力。

要想让孩子拥有灿烂的人生，就要有个好的起点，"积极暗示"恰恰就是这样的起点。

05.给孩子温暖的力量，无论我们贫穷还是富有

儿子的班级有个小女孩，每次我去接儿子放学，都能看见她独自一个人倚靠着墙壁，孤零零地东张西望，好一会儿才离开学校。她的落寞和其他孩子放学后的兴奋样子形成了鲜明对比。一天下午，我在校门口等儿子的时候，再次看见了这个孩子，也许是她太形单影只了，有个妈妈领着自己的小孩走过去，怜惜地说："孩子，你家住哪？我送你吧。"这个女孩子很冷漠地说："不用你管。"一下子把想帮助她的人拒之千里，

那副冷若冰霜的样子完全不像是个天真的孩子。

听儿子的老师说，这个孩子在单亲家庭长大，跟随母亲生活，母亲在外地打工，根本没时间管她，对她完全是放任自流的。长时间的亲情缺失，使她丧失了孩子应有的单纯，而是用坚硬的外壳把自己包裹起来，不让任何人靠近。

我们给孩子足够丰富的物质生活，有没有在乎他们的精神生活呢？有没有关注他们的心灵健康呢？除了老生常谈的说教，还有什么好方法跟他们沟通呢？我想，给他们温暖是我们必不可少的功课。

想必很多父母都听过一个关于父子之爱的小故事：

一位父亲因为工作太忙，经常很晚回家，更别提有时间陪陪孩子了。有一天，他5岁的儿子问了他一个问题："爸爸，您一个小时能赚多少钱？"爸爸很累，而且工作了一天心情很烦躁，他不耐烦地回答说："如果你一定要知道的话，我一小时挣100块。"

儿子"哦"地应了一声，然后抬头问爸爸："您能借给我50块钱吗？"爸爸此时更加生气了，以为儿子要买玩具，没有问儿子要钱干什么，就大声训斥了儿子。孩子什么都没说，乖乖地回房间了。爸爸冷静下来，觉得自己刚才的态度不对，于是他到儿子的房间，给了儿子50元钱。

孩子很高兴地接过钱来，欢喜地从自己的储蓄罐里倒出一堆纸币和硬币，加上爸爸给他的50元钱，认真地说："爸爸，我现在有100元钱了，我能买你1个小时的时间吗？明天是我的生日，您能早点儿回家吗？我想和您共进晚餐。"

爸爸听后，顿时热泪盈眶。

当我看到这则故事的时候，我感到无比酸楚。孩子的要求就是这么简单，只需要父母花一点儿时间来陪伴，哪怕只是一顿晚餐。他们幼小心灵的深处，无时无刻不希望一家人快乐、团圆地生活。

我们做家长的常常为了赚钱而忽略了孩子的潜在需求，认为赚钱是为了家庭，为了孩子，却不知金钱是远远比不上父母带给孩子的温暖的。我们给了孩子生命，把他们带到这个世界，就有义务给他们一辈子的幸福，但是由于缺少关爱和温暖而失足的孩子呈逐年上升趋势，给我们敲响了警钟。

有一天和同事聊天的时候，聊起孩子的话题。同事小张说起他看过的一档电视节目，里面那个叫薛蕊的孩子让他唏嘘不已。

薛蕊家住农村，她的父母平时在家务农，偶尔去城里打工填补家用。薛蕊10岁那年，父母为了让她有个很好的读书环境，就把她送去镇上的学校，她从此住进了外婆家。上初中以后，内向的薛蕊变得不听话了，常常很晚回家。外婆并不清楚她的去向，每次询问，薛蕊都非常不耐烦。直到薛蕊连着两天都没回家，外婆才着急了，赶忙通知她的父母。全家人四处寻找，终于在一间网吧内找到了正和网友聊天的薛蕊。家人一问才知道，她偷了外婆100元钱来上网。

父母一商量，觉得还是把薛蕊接回家比较好，可到家没几天，薛蕊再次偷走父母的钱去了网吧。父母又打又骂，还是不能阻止薛蕊的行为，因此倍感伤心。

据了解，薛蕊在家跟父母的沟通几乎为零，尤其是到镇上读书以后，她由外婆照顾，更是缺乏交流。问及薛蕊迷恋网络的原因，她说："有什么不开心的事我愿意跟网友说说，他们都能帮我出主意。"

孩子宁可把希望寄托给虚拟世界而不与父母沟通，不能不说是父母的悲哀。为什么薛蕊会产生偷钱上网的念头呢？就是因为她的家庭没有给她温暖，她的父母不懂得怎么跟她交流，只会用打骂的粗暴方式来阻止她。

对待薛蕊的情况，父母要注意方式，一是不能当众辱骂孩子，那样会使孩子产生羞耻感。二是家长要从自身找原因，多给予孩子温暖和关心，让孩子感到自己是被欣赏、被尊重的。

家庭是给孩子温暖的地方，有专家建议说，父母最好把孩子放在自己身边，而不是交由老人照顾，只有在父母身边长大的孩子，才能深切体会父母给自己的温暖，身心才能健康发展。

儿子小时候，我和丈夫喜欢跟他们玩一种"亲亲"游戏。临睡前，我们和儿子都要亲热一番，丈夫说："宝贝，亲亲妈妈。"儿子在我和丈夫中间，一手搂着我的脖子，一手搂着她爸爸的脖子，先亲了亲我，又亲了亲爸爸。我们也是在儿子的小脸蛋上左右各亲一口，儿子也是这样，还没等我们让他亲，他就凑过来了，说："我要亲爸爸，还要亲妈妈。"儿子笑得开心极了，脸上洋溢着世界上最幸福的笑脸，我知道，那是他最高兴的时刻。

养育孩子就带有责任，吃饱穿暖等物质条件只是最基本的，重要的是让孩子感受来自家庭的爱，培养他们积极向上、乐观进取的精神，培养他们健康的心态，这才是受益终生的"良药"。

　　我班上有一个性格内向的孩子，上课的时候，他永远都是低着头的，从不抬头看我。我尝试跟他交流，得到的信息是：他从幼儿园开始到现在从没跟同学说过一句话，在家里，妈妈跟他说话他可能会应答，爸爸的话他是不会应答的。因为他爸爸太严厉，总是板着一张脸，一句话说不对就非打即骂，跟妈妈争吵完还拿他出气。起初这个孩子还是有一点点抗拒我，后来随着交谈的深入，他也放松了。他说他很怕爸爸，我问他："那你怕我吗？"孩子很认真地回答："老师，我如果怕你就不跟你说这么多了。"他的这句话很让我感动，我接着说："不怕老师的话，就抬着头望着我，好吗？"他答应了，可是仅仅过了3分钟，他还是低着头不看我。

　　我能理解他，我知道对于这样的孩子要有足够耐心，他自闭症的根本症结就是父亲的过于严厉。一个正常的孩子很可能因为不正常的家庭环境而毁了一生。

　　怎么帮助他走出低谷呢？我决定还是用鼓励来激发他的自信，一个人有了自信心和自尊心，才能有勇气面对生活。

　　在课堂上，我经常提问他，哪怕他的回答不是尽善尽美，我也会夸奖他的进步，并且让他当起了小组长，负责监管他们小组的学习和卫生情况。通过这一系列的鼓舞措施，他已经学会和同学们交流了，能认真完成我布置的任务，虽然有时还是不太理想，但是我相信他会慢慢开朗起来的。

　　最后，把我的观点再陈述一遍：给孩子温暖的力量，无论我们是贫穷还是富有。

06. 温柔的语言能把孩子变得优秀，恶语也会毁掉孩子一生

前一阵子，我在网上的亲子论坛里看到一则贴子：

向女士的儿子浩浩 3 岁半了，刚上幼儿园不久，孩子只去了几天却再也不想去了。向女士问原因，浩浩只说是幼儿园的老师不好。向女士以为儿子太任性，就没在意。可又过了一段时间，浩浩的情绪很不佳，晚上睡觉也会被噩梦惊醒，时常无故大喊大叫。

向女士意识到了严重性，就在浩浩的衣服口袋里放了一支录音笔，等浩浩从幼儿园回来，向女士打开录音笔，竟听到了这样的话："你是猪啊？什么都不会！""你这么笨，活着干嘛，死了算了！""你还是不是男孩啊？动不动就哭，你去死吧！"……恶言恶语中间，隐隐夹杂着浩浩的哭声。

"我真没想到，这些话出自幼儿园教师之口，我听一遍录音就要哭一次，我的孩子遭受了什么样的痛苦啊！"向女士写到。

看完这个贴子，我既难过又震惊，那位老师根本没想到她的一时口舌之快，已经深深伤害了孩子幼小的心灵。这样的"教育方式"绝对不可取，严重影响了孩子身心健康，甚至他的一生都会有阴影。孩子们在成长阶段是需要良好的指引的，而不是用斥责、打骂等方式。

父母和老师曾经对孩子的体罚引起高度重视，当体罚的势头渐渐消减，"语言暴力"却有所抬头。如果说体罚是对孩子身体的摧残，那么"语言暴力"就是对孩子精神的摧残。孩子虽然年幼，但是自尊心比我们成

年人还要敏感。"语言暴力"不仅侮辱了孩子的人格，损伤孩子的自尊心和自信心，严重的还会导致孩子丧失生活信念，心智失常，引发逃学、厌世、犯罪等一系列后果。有时候，我们的几句话，有时比肢体行为更让孩子刻骨铭心。所以，我非常衷心的恳切父母：切记不要对孩子出口成"伤"。

我的一个亲戚最头疼去幼儿园接儿子欣欣，老师不止一次说过欣欣尿床，亲戚觉得很丢脸。她告诉欣欣，想上厕所要跟老师说，每次欣欣都是满口答应，可依旧尿床。时间一长，不光同住的小朋友，连老师和其他孩子父母都很不高兴，亲戚恨铁不成钢，跟别人闲谈，自然把话题扯到欣欣身上："这个孩子烦死了，尿床的毛病就是改不掉。"亲戚跟我讲起欣欣，也是同样的话，说欣欣让她很失望。这时，旁边的欣欣羞红了脸，眼里露出怨恨的神情。

我知道亲戚没经考虑，无意间就说出了欣欣的"秘密"，但在欣欣看来，也许认为妈妈在故意羞辱他，当众让他出丑。尿床的毛病随着年龄的成长自然会改掉，欣欣却有了很重的心理负担，他会认为自己比别人差，产生严重的自卑感，缺乏与他人交往的勇气。

其实，在我看来，孩子尿床不是大问题，不要抱怨和指责孩子，更不要到处宣扬，保护好孩子的隐私也就是保护了孩子的尊严，孩子会感激父母的。

孩子的成长坏境对他们很重要，好的语言坏境更重要，在孩子面前说话要"忌讳"。

小区里有一个 5 岁的小女孩，名叫星星，很讨人喜欢。有一次妈妈带她在楼下玩耍，正巧我们都在楼下乘凉聊天，邻居就带她过来打招呼。我们都夸星星可爱，陈奶奶给了她一把糖果，然后问星星在哪个学校上学，谁知道星星不耐烦地说："你怎么那么多事儿啊？我还要去公园呢。"搞得我们很尴尬。

原来，每次星星要妈妈帮她弄这弄那，妈妈都会回一句："你怎么那么多事儿啊。"慢慢地，星星也学会了，虽然她可能不懂这句话是什么意思，但受妈妈影响，这句话已经成了她的口头禅了。

所以，在对孩子说话前一定要认真组织好语言，想想哪些是应该说的，哪些不该说，不该说的绝对不要说。

一个学生家长对我说，他和儿子正处"冷战期"，不知道有什么办法能缓和他们的矛盾。这个"望子成龙"的父亲总是随口斥责儿子，说儿子"笨得要命""什么都不会"，儿子成绩不好、东西摆错了位置、房间没整理干净通通都是他发火的理由。

"我也知道这么做不对，就是控制不了自己。"他说，"我想跟他好好聊聊，可没说上几句，儿子就烦了，我看到他的样子更是上火，就和他争吵起来，急了就打他几巴掌。"他拿出一本日记，孩子在上面写："我恨透爸爸了，他经常打我骂我，我真想去死，下辈子再也不当他儿子。"

这位父亲深深叹气，一脸的无奈和伤感。

我告诉他，孩子的自尊心很强，我们爱孩子，却弄错了方式，以为打骂才能让孩子长记性，其实是严重打击了他的自信。爱孩子，也要尊重孩子的人格，把孩子放在平等的地位。

在家庭教育中，很多父母犯了和这位父亲一样的错误，一时生气口不择言，爱和尊重同样重要，不要口出恶语，使孩子因爱生怨。

人生从幼年开始逐步走向成年，孩子小时候，我们的话语对他们影响尤其深，温柔的语言能把孩子变得优秀，恶言恶语也会毁掉孩子一生。

我有个开儿童心理问题咨询诊所的朋友，他跟我讲起他的童年经历，让我倍感沉重。

他4岁时，爸爸因为他不听话，便恼怒地咒骂道："你真是不争气，长大非坐牢不可……"他并不知道坐牢是什么意思，只知道爸爸很生气。以前的"问题儿童"，现在已经40多岁的他回忆起自己的童年，表情凝重，爸爸那句"非坐牢不可"一直伴随了他十几年。每当他又淘气了，爸爸就会用这句话来教训他，还毒打他。

这种"棍棒教育"持续到他18岁，他有力量和父母对抗了，父母已经"打"不赢他。于是，父母的教育方式又转变成了"废弃式"，他便经常听到父母骂他："真后悔生你这个儿子，你爱怎么样就怎么样吧！"类似的话听得多了，他变得麻木不仁。他已经对这个家不留恋了，怀着对父母满满的仇恨，他盗窃了4万块钱离家出走，也因此犯盗窃罪被判刑10年。

铁窗生涯结束后，身心饱受创伤的他开始从事促进家庭教育健康发展的工作，他对我说，他做过一项调查，几乎九成以上的罪犯都有个扭曲的童年，都承受过家长过分的斥责和咒骂。父母咒骂的次数多了，使孩子的心理发生质变，深深打击了孩子的自尊心。

如果一个人丧失了自尊，很可能变得自暴自弃、萎靡不振，因此步入歧途。所以，我们的"恶语"等于在摧残孩子的生命。要想做到和孩子的关系和谐，让孩子拥有积极的心态和性格，我们应该以鼓励为主、指引为辅，我们必须走出教育的误区。

首先，我们要科学地爱孩子，而不是溺爱或是不爱。孩子感受到了我们的爱，心中自然会充满阳光，变得开朗乐观，也会学会爱别人。

其次，我们要常问问自己，家庭的氛围是否有利于孩子成长？我们是不是孩子的好榜样？家庭成员之间相处和睦，家中少争吵也是对孩子有利的。

再次，我们要摆正与孩子的关系，是朋友，是伙伴，而不是居高临下的"上下级"。多跟孩子互动、多沟通交流，关系会亲密得多。

最后，要用欣赏的眼光看待孩子，多挖掘他们的优点，哪怕只是细微的进步，多鼓励，而不是多咒骂。

无论如何，请记住："恶语"要不得，正确的教育方式有助于孩子保持良好的心态，用乐观向上的情绪迎接成长路上的挫折与挑战。

第六章 人生分两种，
要么先甜后苦，要么先苦后甜

人不会养孩子时，就会溺爱。什么苦都不让孩子受，乃至家务活也不让孩子干，感觉是对孩子好，其实这样子是害苦了孩子，苦是不能代受的。有些苦是他要去承受的，现在不受，未来就要受。正面教养就是不逃避，教育孩子时，一定要让他学会吃苦耐劳，练就一颗忍耐、豁达、睿智的心，幸福才会来。

01. 忍住想吃糖的那颗心

在大学时期，我最喜欢的就是心理学课程，因为老师会给我们无数有趣的案例，把枯燥晦涩的文字理论，变得通俗易懂。有这样一个案例，我现在都还记得：

有一位心理研究学家把一群孩子放在一个教室里观察，他让老师给每个孩子都发一个棒棒糖，并告诉孩子们："如果你们马上就把棒棒糖吃完了，就只能吃一颗糖，但是假如你们能等老师 20 分钟回来后再吃，就能再得到一盒小饼干。"老师离开后，信息学家通过监控观察孩子们的行为，有的孩子急不可耐，马上把手中的糖吃掉了。而有的孩子则耐住性子，或闭上眼睡觉或者和其他小朋友玩游戏、唱歌等，来转移对糖的注意力。

20 分钟过去后，老师回到教室，那些没有吃掉棒棒糖的孩子果然得到了一盒小饼干，这些孩子就是自制力比较强的孩子。多年的跟踪研究发现，那些能忍住想吃糖的小孩更能经受住各种考验，他们的自制能力非常强，也更容易取得成功。

孩子小时候缺乏自制力是非常正常的现象，大部分父母觉得孩子的自制力，是由孩子自己的主观意志来控制的。孩子之所以有时管不住自己的行为，放任自己，这完全是孩子本身不愿意和不配合父母造成的。但是，事实并非如此，实际上，影响孩子自制力的因素有很多，比如：婴幼儿期形成的任性的习惯；进入学校后受外界的影响及其他原因等等。换言之，孩子的自制力差并不是天生的，而是后天养成的。

我有一个远房表弟，他一个人在外地上大学，虽说是个七尺男儿，但是大学开学不久后，总是三天两头坐火车回家，然后过几天又坐火车返回学校，他妈妈问他为什么，他说："我喜欢坐火车的感觉。"甚至，有时候他第一天坐火车回来，第二天又坐车回学校。表弟家离学校数百里，用表弟自己话说就是："那段时间，我不在坐火车，就是在去火车站的路上。"

原来，表弟从小娇生惯养，虽然生活在农村，家里的条件并不是很富裕。但是，只要是表弟提出来，父母和爷爷一定有求必应。

表弟上初中时，他突然要母亲给他买一个 mp3，因为他看到同学们都有。但是，母亲考虑到已经给他买了复读机了，家里又不是很宽裕，而一个 mp3 又要花不少钱，给儿子买了，也用不了多久，就拒绝了他。

这一次被拒绝让表弟不能忍受，他对母亲充满了怨气，那次刚刚从家回到学校就又坐车回家了，说听课听不进去。母亲见儿子回家来，就责怪他："你当学生的不好好上课，就知道乱花钱，我们家的钱都是大风刮来的吗！"

所以，等他上了大学，不知道母亲又哪里惹到他了，又跟母亲较上了劲，三天两头来回折腾"花钱"，就算是"报复"母亲。

　　表弟主要是因为从小娇生惯养、事事都能得到满足，结果让他形成了一种类似鸡蛋壳的性格心理，等他某一次要求没有得到满足的时候，他就会通过不合理的行为方式来表达他的不满。作为父母，我们要避免这种问题，不要事事都满足孩子，适当拒绝孩子的某些要求对孩子的性格健康是很有好处的。

　　我经常对儿子说："如果你受到某种诱惑，要去做一件不能做的事情，你可以在心里默默地告诉自己'这样做是不对的，我不能这样做！'或者'我要做一个有修养的男子汉，我不能做这件事。'努力转移自己的注意力，去想想其他的事情，你一定能克服。"

　　有一天，我带儿子参加一个朋友的婚礼。到了酒店，桌上已经摆了一些小菜和点心了。但是，婚礼开没开席，谁都没有动筷子。由于儿子没吃早饭，早就饿得前胸贴后背了，看到桌上那些五颜六色、散发着香气的各种美食，他好想马上就开始吃。但是我一直教育他在公共场合吃饭要等到别人都动筷才能开始吃，否则就很不礼貌。虽然饭桌上有人对儿子说："小朋友，饿了就吃吧，没关系的。"但是，儿子还是没有吃。

　　儿子听着大人们七嘴八舌的聊天，看着满桌的美食，已经开始流口水了，美食对孩子来说可真是巨大的诱惑啊，尤其是已经有些饥饿的儿子。但儿子不想让我失望，他要努力做一个有修养的孩子。于是，他把我的手机拿去玩游戏，可是依然不管用，桌上的美食依然在引诱着他，他就在心里一次又一次地对自己说："我不能先吃，否则就是没有教养。"最后，儿子干脆跑到酒店的大厅里去看鱼缸里的鱼。

后来回到家，我表扬了儿子那天的表现，我想，这和我长期教育是分不开的。那么，我们要如何让孩子有自制力呢？

第一，适当延迟满足孩子。

延迟满足孩子的需求能够非常有效地帮助他培养起自制的能力和品质。生活中很多事情都可以训练孩子延迟满足的能力。在日常生活中，如果孩子有什么要求，我们可适当延迟满足孩子的需求。比方说，孩子想买一件玩具，我们可以对孩子说："如果你能一个星期都能自觉写作业，不用爸爸妈妈催你的话，就给你买。"要让孩子通过自己的努力得到他想要的东西。在付出努力的过程中，他会约束自己的行为，而且通过努力得到的东西他也会更懂得珍惜。如果孩子不管有什么要求我们都能满足，这样的孩子容易任性、个性急躁，这也会导致孩子自制力差的毛病。

第二，教孩子学会约束自己。

我们不是天生就能控制自己的行为，孩子也是一样，自制力是需要后天训练的，我们需要在日常的生活中约束孩子的行为，让他们养成良好的习惯。

比方说，孩子写作业时，抵制不住诱惑想看动画片，是因为孩子此时的自制力还不够强，听到动画片的音乐就坐不住了。或者看到手边的漫画书，就想拿出来看看。孩子这些写作业之外的行为都是需要他有意识地去克制才能避免的，当孩子出现这些错误时，作为家长，我们一定要督促孩子、提醒孩子，告诉他，写作业就要一心一意，不要做和作业无关的事情，让他通过实践不断减少这些与写作业无关的事情。

我是这样培养孩子自我约束能力的。儿子每次写作业的时候总会不时地站起来，一会儿要去踢两脚球，一会儿要去逗一逗小狗，一会儿要去看一眼电视。多的时候，他每天写作业时能够站起来七八次之多，这无形中就延长了写作业的时间，难怪他写作业总被我批评为拖拉。后来，我想到一个改正儿子写作业拖拉的毛病，我先是要求儿子每天写作业时站起来的次数不能超过三次，如果他能够做到，就奖励他看半小时的动画片。而儿子为了去看自己喜欢的动画片，就在写作业时非常努力地控制自己不要随便站起来去做别的事情。经过一段时间的努力，儿子做到了每天写作业站起来不超过三次。慢慢地，我规定了他每天写作业站起来不能超过两次、一次。渐渐地，他能够比较好地控制自己的行为了，他的自我约束能力越来越强。

良好的自制力是孩子通往成功的关键，而训练孩子良好的自制力离不开我们的教导和培养，当孩子忍不住想吃手里的糖时，我们一定要告诉孩子，忍一忍，会有更好的礼物在等你。

02. 只有吃苦流汗才能实现理想

我曾经听过这样一个小故事，我觉得有必要说给大家听听：

有一位老人在草地上发现了一只蛹，那是蝴蝶的幼虫。老人把蛹带回了家，过了几天，蛹壳出现了一道裂缝，想要破茧而出的蝴蝶挣扎了好久，它要变成一只美丽的蝴蝶，但是它的身体被坚硬的外壳卡住了，一时出不来。善良的老人不忍心看着蝴蝶继续这样痛苦地挣扎，便用剪刀把蛹的外壳剪开了，帮助蝴蝶钻出了坚硬的壳。出乎意料的是，这只被拯救出的蝴蝶却身体臃肿，翅膀无力，根本无法飞起来，不久这只蝴蝶就死了。

是老人的好心害了蝴蝶，他帮助了蝴蝶，让它避免了更多的痛苦，然而蝴蝶没有经过蜕皮时痛苦挣扎的过程，它就不能练就强有力的翅膀和身体，吃苦的过程对它是很有利的，或者说是必不可少的。

蝴蝶如此，人也是这样，必须去吃一些苦，才能变得更强壮、更坚强、更成熟，从而实现理想。有很多人，从小家境很好，很少吃苦，其父母也给予他百般的照顾，因而他们在以后的工作和生活中就习惯了安逸，吃不得苦，工作拈轻怕重、怕苦怕累，最终一事无成。而另一些家境条件不好的人，因为小时吃过很多苦，就会加倍珍惜来之不易的学习机会、工作机会，不怕吃苦，努力奋斗，最终在人群中脱颖而出，成为优秀的人才，实现理想。

著名作家高尔基幼年丧父，10多岁就去给资本家当童工，他的生活经历了很多磨难，但艰难的生活让他懂得了人生，也因此积累了丰富的文学创作素材，最终成就了一个伟大的文学家。华人首富李嘉诚3岁的时候家道中落，后来父亲病重离世，李嘉诚只上了几个月的中学就不得不辍学了，他和母亲在兵荒马乱的年月里相依为命，16岁就出去打工，做过很多行业的工作。苦难的生活没有让他退缩，反而激励他不断努力、勤奋上进，最终取得了骄人的成绩。

从小，我们就听长辈们说："吃得苦中苦，方为人上人。"吃苦也是孩子们必须具备的优良品质。多经历一些苦难，不仅可以磨练孩子们的意志，还能让孩子们更加珍惜现在美好的生活。没有吃过苦的人总难以应对人生的风雨，就像始终生长在温室中的花朵，搬到室外就会枯萎一样。我们要努力培养孩子的吃苦能力，这也是他成长中的重要一课。

那么，如何培养孩子吃苦流汗的精神呢？我是这样做的：

第一，通过做家务培养孩子吃苦的精神。

让孩子去做家务活可以锻炼他的吃苦能力。在学习之余做各种家务，这会让孩子付出很多体力、精力和汗水。特别是在孩子刚刚学习做家务的时候，因为他不会做家务，做家务这件事对孩子而言就是比较困难的事情，通过学习和锻炼他学会了做家务，在持续地付出体力、精力和汗水的过程中，他就学会吃苦。农村的很多孩子之所以比城市的孩子更能吃苦，主要是因农村的孩子从小就习惯做家务和农活，而很多城市的孩子却缺少这种锻炼的机会。

丈夫刚开始创业时，儿子刚上小学，家里条件并不是很宽裕，一时间，我们也成了"穷人家"。丈夫应付客户非常忙，我就在家里负责照顾儿子，管好后勤。俗话说，"穷人的孩子早当家"，耳濡目染中，儿子竟然学会了不少简单的家务活，为了培养儿子吃苦耐劳的精神，我决定让儿子自己洗自己的衣服，有时候，还让他帮忙我下楼扔垃圾、拿快递。

有一天，我发烧了，买完菜回家就一直躺在沙发上休息。我把儿子叫到身边，对他说："妈妈今天不舒服，你可以帮妈妈把菜择了，把米洗了，好吗？妈妈休息一会儿就起来做饭。"

儿子很干脆地答应了。他搬了个小板凳坐在电视机前，一边看动画片，一边择菜，还挺有模有样的。择完了菜，他把地上掉的菜叶子清理干净，把择好的菜分类放好，就去洗米了。个子不够高，他就站在小板凳上，小手一遍一遍地搓着，把米洗得干干净净。看着儿子的样子，我感到很是欣慰。

后来丈夫的事业渐渐有了起色，家里的情况也轻松了许多，但是儿子吃苦耐劳的品质并没有随着生活条件的变好而消失。

第二，设置"困境"让孩子去挑战。

随着社会的进步，现代化的设备给我们的生活带来了很大的便利，孩子们的成长环境也随之变好了，可以说，现在的孩子都生活在蜜罐里。但无论我们的日常生活多么现代化、多么方便，让孩子去吃一些苦都是必要的，孩子的生活太顺利、太优越，他们的成长过程中缺少挫折并不是好事。

我有一位朋友事业成功，家庭条件很优渥，要什么有什么，让我们一众朋友十分羡慕，自然，他的儿子也很有优越感。但是，朋友为了让儿子能吃苦，为了培养儿子吃苦的品格，即使家里有两辆车，他依然要求儿子坐公交车上学。即使上学快迟到了，也没有送过儿子一次。而且，朋友夫妻二人也不会像其他物质条件优越的家庭一样让儿子享受无忧无虑的生活，而是鼓励他向那些家境贫困的孩子看齐，经常让他体验一下艰苦的生活，从不乱给儿子零花钱。

在孩子各项性格品质还未定型的青少年时期，在他的性格还在发育的过程中，对于条件优越的家庭，父母注意不要让孩子享受太优越的生活，要适当给孩子限制一些条件，适当给他设置一些困难，让他去经历困难、让他通过自己的努力去克服困难、挑战困难。这对培养孩子吃苦耐劳的品质是非常必要的，这样，孩子才能有坚强的意志，而不会成长为不能经受风雨的弱苗。

第三，减少对孩子的保护。

现实生活中，对孩子进行"爱的供养"的父母不在少数，把孩子捧在手上，生怕孩子受一点伤。出现这种问题的原因就是父母心太软，就像那句歌词："你总是心太软，把所有问题都自己扛。"然而，对孩子过多的照顾和保护是非常不利于培养孩子的吃苦品质的，你可为孩子扛一时的问题，你可以为他扛一辈子吗？

这些父母总是说："孩子还小，哪有解决问题的能力啊？"这都是逃避教育的借口，正是因为没有，所以才要培养，当有一天孩子真的要独立面对问题时，临时抱佛脚，已经来不及了。这就像让从没有练习过走路的孩子马上去走路一样好笑。太多的事例表明，从小总习惯父母保护和照顾的孩子，长大后也习惯寻求保护和照顾，不能独立地去面对人生的风雨，不能吃苦。

孟子说："天将降大任于斯人也，必先苦其心志，劳其筋骨，饿其体肤，空乏其身，行拂乱其所为，所以动心忍性，增益其所不能。"一个习惯了各种被各种优越条件所保护和照顾的人怎么能担当"大任"呢？

大名鼎鼎的宏志班曾经提出这样一句口号："特别有礼貌、特别守纪律、特别能吃苦、特别能忍耐、特别有志气、特别有作为。"他们不仅这样说了，还做到了。

宏志班里的每一个学生，家里的情况都很不好。他们的生活中没有空调、没有暖气，没有花样繁多的饭菜，更别说什么高档小区、私家车、手机、ipad 的了，紧张的物质生活似乎是他们身上的标签。父母面朝黄土背朝天地干活，大多数时候，他们只能靠自己。但是，物质上的贫穷，却造就了精神上的富有，他们的出类拔萃让他们有能力担当"大任"。可以说，贫困、艰难反而成了这些宏志班学生们宝贵的财富，因为艰难，他们才更懂得珍惜生活中的拥有，努力利用现有的条件去创造更美好的生活。

锻炼孩子去吃苦，这在任何时候都不过时。虽然现如今人们的生活条件好了，但父母更要注意不要对孩子有过多的照顾和保护，而要让他独立去经历风雨，这才是对孩子真正的爱。

03. 想要成功，只有一个秘诀——永不言弃

上学时，我们在课本上经常读到铁杵磨成针、积沙成塔、水滴石穿的故事，这些故事告诉我们，一件事情只要我们坚持得够长久，就一定能够成功。可是，似乎没有人一出生就被上帝赋予永不放弃、坚持不懈的宝贵品质。我们最大的弱点就是太容易放弃了，我们输给了自己最大的敌人——自己。想要成功，只有一个秘诀——永不言弃。

二战时期，英国首相丘吉尔做了一次非常有名的演讲，这也是他人生最后一次演讲。在 20 分钟的演讲中时他说了一句话——决不，决不，决不，决不放弃！丘古尔用这句话告诉我们，成功没有捷径，如果有的话，那就是坚持。

在寒暑假，我总是能看见很多父母带着孩子兴冲冲地跑到各大培训班报名，想让孩子学点特长。父母说："就是随便给孩子报点特长，能学好是最好了，学不好也没关系，反正以后我们也不指着特长吃饭。"然后，就给孩子报个舞蹈班、画画班、小提琴班等等。

诚然，父母的想法是好的，让孩子开阔眼界未尝不可，但是这种想法存在一个很大的问题，问题就是放弃。学不好没关系，我们不学了。这不就是让孩子放弃么？然而，哪有什么好学的特长呢？孩子一旦开始学，要坚持下去，真的很困难。

在这里，我想讲一个我朋友的故事：

我的朋友陈艳，女儿双双已经上大学了，但是双双从5岁起就开始学小提琴。小提琴是个非常难学的乐器，双双在一次商场活动上，看到有个非常漂亮的姐姐拉小提琴，她也吵着要学，朋友对双双说："小提琴很难哦，选择了就不能放弃。"双双对这句话似懂非懂。

其实，朋友也很赞成孩子从小学一门特长，觉得长大了心里烦闷的时候，有压力的时候，唱一唱歌，练一练琴就过去了，情绪有发泄的出口，人不会憋出病。而且，生活还可以过得小资一些、丰富优雅一些。

但是，还不到三个月，双双就不想学了，因为双双觉得太枯燥了。

朋友让双双罚站，对双双吼道："你才学了多久就不想学了，你是想放弃吗？"

没想到，双双却对她说："妈妈，你叫我做什么都可以，我就是不想学小提琴了，我什么事都可以听你的，但是这个你听我的，不学了！"朋友非常生气，恨不得打孩子一顿，好不容易才把情绪冷静下来，对双双说："那行，今天不练了，我们不练了，放假，今天休息。收好琴来跟妈妈玩念口诀的游戏，好不好？"

朋友和双双两人面对面，膝盖对着膝盖，她对双双说："来，跟妈妈念口诀：成功等于勤奋加坚持，成功等于勤奋加坚持，成功等于勤奋加坚持……"念了几遍口诀，双双很自觉地又拿起琴来练了。没过多久，又不行了，又要放弃了，坚持不了了，对朋友说："妈妈，我想想还是不想练。我可以不学小提琴吗？"

这一次，朋友态度大变："可以，认真练琴、喜欢练琴的你是我的双双；不喜欢拉小提琴、不爱拉小提琴的你也是我的双双；放弃学琴、永远不学琴了的你还是我的双双。"说到这儿，朋友话锋一转："可是，妈妈不相信，你就在这里，放弃了，没弹出成绩就放弃了。"双双低着头想了想，又回去练琴了。

有时候，朋友变着法子让双双练习。周末，我去他们家做客，她对双双说："妈妈和阿姨喝茶，你能不能给阿姨表演个曲子，让阿姨也放松一下，欣赏一下，就像在酒店一样，喝着茶，还有音乐家伴奏，你现在就是音乐家。"

双双欣然答应，一口气表演了许多首曲子，每演奏完，朋友和我都鼓掌，并且表扬她："拉得真棒，简直就是音乐家水准了！"然而，隔一段时间，故态复发，双双又不想练习了，但是这一次，没有以前坚决。

她对双双说"那行吧，明天妈妈就把这把琴卖了，以后学校文艺汇演，别的同学都有节目，你没有节目表演，那就别怪我了。你确定不学了吗？"

双双犹豫了好久，对朋友说："妈妈，那我再弹一段时间，但是，我有个要求，我练得不好的时候，你不要骂我，不要批评我。"朋友赶紧说："好啊好啊，你就带着轻松快乐的情绪去学就好了。"

双双练得越来越起劲，但是从来没考过级，因为朋友答应双双要轻松快乐地学小提琴，不给她施加压力。

故事没有完。等到双双上大学了，琴放在家里，没人用。一天，朋友心血来潮，到附近一个特长班咨询，要学小提琴。先付半年的学费，一堂课45分钟，80块钱，每周两次课，每天回来必须练两小时琴。

双双回来，看见朋友在练琴，很惊讶："妈，你在学小提琴？""对呀，我在练音阶，拉一段给你听。"

双双说："啊，不错不错。学得不错，也够快。妈，你天才！才两个礼拜你就弹那么好了。"

隔两个礼拜，双双又回来了："妈，你弹得怎么样了，给我汇报演出一下，弹弹，弹弹。"朋友说："最近没有怎么练，我弹给你听。"

双双鼓励道："还行，不错、不错，天才，妈妈是天才！"

隔了一个半月，朋友练琴的热情陡减，对我说："哎呀，学琴真的太累了，算了不练了。真的，做父母的自己要成长。没有经历我不知道，原来那个时候双双练琴是多么难以坚持的一件事。"

两个月后，双双放假了："妈，小提琴盒子上落了这么厚一层灰，你应该至少有半个月没有弹了，我说得没错吧？"

朋友回答："对呀，最近比较忙。"朋友的心里一直记挂着学小提琴的事，但最终没有坚持下来。

朋友就是个反面教材。朋友的放弃行为还有很多，比如：下雨就不去听一个免费演讲了，冬天的早晨起不来床了就不带孩子上补习班了……半途而废的例子数不胜数。

但是，经过亲身的经历，朋友终于知道，对待孩子不能简单粗暴，也不能管得太死。父母要时常开发一些新想法，帮助孩子坚持一件事情。假如孩子还是有想放弃的念头，那就再想想新的办法。

对于孩子的特长，我们不妨让孩子自己选择，不管是学游泳、学钢琴、学篮球，我们都尊重孩子自己的意愿，并跟他说："一旦开始就不要放弃！"

有一年的高考作文是这样的，作文题目给了一幅图，图上有一个人在挖井，还没出水就放弃了。这个人一辈子都在挖井，挖了好几十口井都没出水。但是另一个人呢，他只挖了一口井，他一直坚持挖，最后终于出水了。很多人明明已经非常接近成功了，但是他们在最后关头放弃了。我们现在明白，只要不放弃，失败的次数越多，成功的机会亦越近，成功一定是最后一分钟来访的客人。

教会孩子坚持，不放弃，对于孩子的未来，影响是不可估量的。

04. 给孩子一条退路

周末，我和丈夫、儿子一起去逛街，一进商场大门，发现人头攒动，还有不少人往前挤，我还没反应过来，儿子已经拉着我和丈夫的手挤到最前面了。

原来，是一家玩具公司联合商场举办的一个宝宝爬行大赛，最终获胜的宝宝有机会成为这个玩具品牌的代言人，还有一笔丰厚的奖金。

活动规则是：全程孩子只能自己爬到终点，父母不得帮忙。但是参加比赛的孩子都还小，根本不明白比赛的意义，所以有的孩子东张西望，有的孩子坐在原地啃手指头，还有的孩子看不到爸爸妈妈就哭……

宝宝们的表现似乎都不尽如人意，但是更让我失望的是父母的表现。有的父母见孩子原地不动，就在旁边拼命的大喊"宝宝加油，快点爬啊！"全然不顾他人的感受，还有的父母直接在后面推孩子，更有甚者，手里拿着宝宝喜欢的玩具，一点一点的引诱孩子向前爬，几乎所有的父母都把比赛规则抛到脑后。

我忍不住说了一句："这简直就是在虐待孩子嘛。"

旁边一位妈妈听到我这么说，很生气，立刻反驳我："这怎么能是虐待呢！赢了比赛，就能当代言人，那就是明星了好吧。"

另位一位妈妈也说："现在社会这么激烈，有句话说，孩子要赢在起跑线上，要是没有上进心，以后怎么跟别人竞争，我们也是为了孩子啊。"

我并不否认这两位妈妈的观点，现在的社会竞争确实很激烈，但是把这种压力转移到路都还走不稳的孩子身上，这样真的合适吗？就算真的要培养孩子的上进心，一定要靠比赛来达成吗？

揭晓比赛结果的时候，还发生了一个小插曲。比赛规定，谁先爬过终点谁就获胜，可是最后有两个孩子都做到了，一个是手先过了线，一个是脚先过了线。但是，两个妈妈都认为自己的孩子是冠军，谁也不肯让谁，最后还大打出手，场面一度十分的混乱。有的妈妈说："这种比赛，简直就是拿孩子开玩笑嘛！"

其实，时不时让孩子参加这样的比赛，对孩子的成长是有好处的，可以让孩子变得阳光健康，有自信。但是大人的虚荣心却把比赛变成了闹剧。

在跟妈妈们接触的过程中，我终于找到了她们会做出这样不当行为的原因——杞人忧天。比如商场中发表意见的那两位妈妈，他们担心孩子不参与比赛，会丧失上进心，其实这种担心完全是多余的。

在孩子的一生中，我们的影响是非常重要的，但是，孩子不会只和我们来往，他们也是社会人，以后也会有其他的社会关系。现代社会的竞争如此激烈，孩子在平时的耳濡目染下会渐渐地具备社会属性，我们完全不需要过早地去培养孩子的竞争意识，而是应该努力让他具备平和的心态，给自己留条"退路"。

然而，还是有很多父母怀疑社会氛围的作用。对于社会氛围的重要性，我是有亲身体会的。

在儿子6岁时，特长班的老师建议我给儿子报名市里的钢琴比赛，我对儿子的兴趣一直持放任态度，他想学就学，不想学我也不强求，所以他不像其他孩子那样，每天都在练习。抱着让他试一试的态度，我还是给他报了名。

比赛的日子越来越近，儿子也越来越紧张，有一天，儿子问我："妈妈，你说我比赛的时候失误了怎么办啊？"

　　我摸着他的头问他："那你能告诉妈妈，你练习得这么好，你为什么会失误呢？"

　　儿子想了想说："因为我希望拿到第一名，我怕到时候紧张，乐谱都忘了。"

　　我再问："为什么一定要拿第一名呢？第二名，第三名或者优秀奖难道不好吗？即使什么名次也没有，你至少参与了就有收获啊。"

　　儿子想也不想地说："第一名才是冠军，悠悠妹妹说如果我拿了第一名，她就会很崇拜我，所以我想拿第一名。"

　　我开始安慰他："你看啊，你要是紧张的话，到时候一失误，还能得第一名吗？"

　　儿子立刻回答道："不会，反而会让我被淘汰。"

　　我又说："那这么说，紧张不但帮不了你什么，反而会让你失败，你是不是应该抛弃这种心情呢？"

　　我看儿子若有所思，接着说："悠悠妹妹说你得了第一名她会很崇拜你，这是鼓励你的话，并不意味着你只有得了第一名她才会崇拜你。我相信不管你得了什么名次，悠悠妹妹都照样喜欢和你玩，对不对？"听我这么一说，儿子显然轻松多了，信心倍增。

　　比赛那天，我和丈夫都表现得很轻松的样子，我告诉儿子："假如你得奖了，爸爸妈妈为你骄傲，悠悠妹妹也会崇拜你，假如你没有得奖，爸爸妈妈也很高兴，悠悠妹妹也会继续把你当偶像的，因为你是勇敢的男子汉！"

出人意料的是，儿子真的拿了第一名。本来我以为儿子拿了第一名会沾沾自喜，还准备打击一下他的，没想到他对我和丈夫说："我本来非常想得第一名的，但是想到得了第一名我会很高兴，没得第一名我一定会难过，所以，后来练习的时候，我就没怎么想名次的事情了，只想着好好练习，好好比赛。"

儿子的话，点醒了我。如果我们把比赛结果看的太严重，容易造成大悲大喜的情绪，但是这种情绪对孩子是非常不好的。我们试想一下，如果每场比赛只有第一名才能高兴，那其他的获奖者是不是都要痛哭流涕，以示遗憾呢？但是，第一名只有一个，更何况，这个世界哪存在常胜将军呢？一次获胜，就能保证次次都获胜吗？如果赢了就高兴，输了就悲伤，人的一生要经历多少次大悲大喜？那么要有平和的心情，只有永远不去参加任何形式的比赛了，这显然是因噎废食的下策。

其实，大部分孩子对比赛的结果并不在意，他们只是想让我们高兴，不想让我们失望，才产生了一定要赢的想法。然而，从长远来说，这种想法对孩子一点帮助都没有。孩子有点好胜心并没什么大错，可是，随之而来的是孩子不能承受失败，这样下去，孩子一旦遭受挫折就会自暴自弃。

因此，即使现代社会竞争很激烈，我们也要卸下思想包袱，给他一条"退路"。让他更轻松地上阵，这远比拼命给他压力好，就好比一根橡皮筋，拉得太紧容易断是一样的道理。我可以想象，假如当时我和丈夫表现得比儿子更紧张的话，儿子一定不会拿第一名。

05. "离开"孩子，放手让他们去开拓

我以前教过的一个叫黄天亮的学生，他是一个非常依赖父母的孩子。黄天亮上小学的第一天是他妈妈送的，他没像其他同学那样安静地坐着听老师讲话，而是隔几秒钟就要看看门口站着的妈妈。他妈妈正准备离开，被黄天亮发现了，他马上跑出教室，哭着求妈妈别走，孩子们都哄笑起来，这下子，黄天亮更不愿意上课了，说什么都要妈妈带他回家。

从小，黄天亮一直在家人的溺爱中生活，7岁的孩子连鞋带都不会系，从没自己打扫过房间，过马路都要妈妈牵着手，出现什么问题第一时间找妈妈帮他解决。有一次自习课上，大家都在认真看书或者做作业，只有黄天亮一动不动地坐着，我问他怎么不做题，他竟然回答因为铅笔还没有削。

我不禁叹息，孩子依赖父母的同时，已经不懂得什么是独立，只要一离开父母，马上变得胆小懦弱，丧失了承担生活苦难的勇气。

不管我们如何不舍，终归要承认孩子有一天将离开我们的视线，去更广阔的天地闯荡，他们总是要长大独立的。为了让孩子顺利地成长，我们千万不能用过多的爱束缚孩子的手脚，把他们牢牢地拴在身旁。

在西方国家，孩子玩耍时，父母一般都不在旁边紧盯着，给他们足够的自由空间。如果孩子跌倒了，父母也是远远看着，等孩子自己站起来。而我们国内常见的情景是：孩子玩耍，父母常在后面目不转睛地注视孩子的一举一动，一边喊着："慢点儿跑，别摔着！""别碰那个，多脏！""别去太远，有危险！"孩子摔倒了，父母马上赶过去抱在怀里，又拍又哄，心疼得不得了。孩子本来没有哭，让家长这么一折腾，反而大声哭闹起来。

许多情况下，我们对孩子过分地保护却成了孩子的负担，担心孩子出事，就不让孩子骑自行车；担心孩子溺水，就不让孩子游泳——因噎废食的家长不在少数，担心的事情太多了，给孩子定的规矩也太多了：不许触摸电器，不许单独外出、不许自己出去玩等等。

我们寸步不离地看管和过多的限制会阻碍孩子的健康发展，使其各方面的能力退化。在过度保护下成长的孩子，往往优柔寡断，胆小怕事，缺乏处理复杂事物的能力。我们为了不再担心，便剥夺了孩子一切自由活动的机会，孩子则很少与外界接触，经常与电视机和网络为伴，这样一来，容易造成孩子孤僻、不合群的不良性格。

有一次我读报纸，看到一个很好的教育案例：在杭州有一位明智的母亲，孩子的学校组织学生到离家20公里以外的森林公园活动。她为了锻炼孩子的独立能力，教孩子记住家里到公园的路线，又给了孩子一张地图，让他自己骑自行车去。孩子从没有去过这么远的地方，妈妈也很担心，她自己骑着自行车默默跟在儿子后面。儿子因为找不准路，不时拿出地图对照，妈妈则不打扰他，只是在远处看着。后来儿子骑过了森林公园大门，但他还不知道，妈妈也没有提醒，让他自己兜了一大圈才回到公园门口。虽然儿子迟到了十几分钟，却是唯一一个独立到达目的地的学生。

回家以后，孩子很委屈地说："我同学都是父母陪着的，只有我是自己一个人。"妈妈笑着说："一个人完成一件事才有成就感啊，你难道不为自己骄傲吗？"听了妈妈的话，孩子由委屈转为自豪，并且说："以后再远一些我都不怕。"

　　这个例子给了我很大启发，通过这次的活动，让孩子在实践中锻炼了独立自主的能力，也给他增加了自信心，真是一举两得。如果他的妈妈和其他担心孩子出事的父母一样，恐怕他的快乐就没有那么多了。

　　上面提到的那位聪明的妈妈使我想起了中国"国际象棋女皇"谢军的成长故事：

　　谢军获得过多项世界冠军，是享誉世界的国际象棋大师。她辉煌的成就令无数人羡慕，除了自身的天赋和努力外，她的成功与父母给她独立自主的机会也有着密不可分的联系。

　　谢军12岁那年，小学即将毕业，有两条路摆在她面前：升重点中学和学棋。同样，她的家人也处在十字路口，需要选择女儿前进的方向。谢军的学习成绩优异，在小学6年中，她有7个学期被评为校三好学生，学校自然要保送她去重点中学，这样品学兼优的好学生也是重点中学争抢的对象。而国际象棋也是谢军割舍不掉的爱好，家人都在慎重考虑，举棋不定。

　　关键时刻，妈妈叫来了女儿，用商量的语气问道："谢军，抬头看着妈妈的眼睛，你很喜欢下棋是不是？"谢军严肃地看着妈妈的眼睛，坚定地说："我还是喜欢学棋。"得到了女儿的回答，妈妈同意谢军的选择，认真地对她说："好，你要记住，下棋这条路是你自己的选择，既然你做出了这个重要的选择，今后你就应该负起一个棋手应有的责任。"12岁的谢军听懂了妈妈的话，并且非常感谢父母对她的尊重。

　　我想也许就是谢军和她妈妈之间的这段对话，让谢军受益一生。假如当初她的父母没有尊重她的意见和选择，而是武断地决定女儿的前途，那么就不会有今天的国际象棋天才了。

如何让孩子学会独立自主呢？我一些经验是：

　　第一，让孩子自己安排、自己负责，这个意识在平时的点滴生活中都可以灌输给孩子。比如带孩子出去玩，可以启发他们说："旅行应该带点儿什么呀？"几次提醒，孩子就会主动想起要带什么必备的东西。在孩子会表达会思考以后，让他选择去什么地方玩，准备做些什么，并帮他分析这种选择的优势和劣势。当孩子没有带好该带的东西，或者把东西忘在外面发脾气时，我们应该让孩子知道，自己应该对这件事负责，下次要有计划地安排。

　　第二，要正确认识孩子和理解孩子。我们应该了解孩子在各个年龄段具备的特点，并根据这种特点适当地调整教育方法，他对什么事情感兴趣，就放手让他去做，而不是做孩子依赖的大树。

　　第三，要给孩子充分的活动自由，这是培养孩子独立性不可缺少的环节。孩子的独立性是在实践中获得的，我们要提供给孩子独立思考和独立解决问题的机会。

　　儿子看书时，经常遇到一些他不认识的字，他就让我告诉他，我装作不认识的样子，并告诉他，遇到生字要查字典。以后再有生字，儿子也不找我了，而是翻字典，然后对我说："妈妈，这个字我认识，我又多学了一个字。"

　　培养孩子的独立性，还要注重和孩子的交流。孩子想要一个善待自己、朋友般的父母，所以为了达到孩子的这个标准，我们和孩子之间的爱应该建立在孩子的信任和安全感之上。只有孩子相信遇到解决不了的困难时，一定会从我们那里得到帮助和指导，那么孩子才能放心地去寻觅外面的世界。

教育家陈鹤琴先生曾风趣地说："做爸爸的最好只有一只手。"他的话告诉我们一个道理，我们应该明确自己的责任，就是帮助孩子自立，锻炼他们的生活技能，帮助他们做人。凡是孩子自己能办的事情就让他们自己去办，孩子学会了自理，就懂得照顾自己，也就摆脱了成年人的照顾，进而学会照顾别人。

为了让孩子真正独立，我们要"离开"孩子，放手让他们去开拓。

06. 鸟翼系上了黄金，这鸟永远不再在天上翱翔

接儿子放学回家的路上，她仰起脸说："妈妈，我想要个新的文具盒。"我问："你的文具盒坏了吗？"儿子说："没坏，可是同桌的文具盒比我的新，是变色的呢！很漂亮，我也想要。"我说："同桌的文具盒是很好看，但是你的也很好啊，而且你才用了1个月。"

听了这话，儿子不高兴了，一路上撅着嘴，跟他说话也不理。一回到家，他就含着眼泪找他爸爸告状，还反复强调同桌的文具盒有多高级。丈夫不忍心了，答应周末给他买个新的文具盒，儿子这才破涕为笑。

吃过晚饭，我们一起看电视，演的是一部历史剧，我就问儿子："宝贝，你觉得古代最富有的人是谁呢？"儿子不假思索地回答："皇帝。"

我说："那妈妈就给你讲一个皇帝节约的故事吧。"

宋朝的开国皇帝赵匡胤平时的生活非常节俭，反对奢侈。有一天，他看见女儿穿了一件孔雀羽毛装饰的短袄，马上命令她脱下去，以后不准再穿，并且罚女儿面壁思过。在这位皇帝的影响下，举国上下都形成了节俭的风气，大宋国力渐强。

讲完故事，我对儿子说："皇帝是最富有的人，还能做到节约，我们是不是更应该懂得珍惜每一分钱呢？"

看到儿子有所触动，我又说："你是个很懂事的孩子，好好考虑一下妈妈跟你说的话。"

也许是我的话起作用，第二天晚上，儿子对我说："妈妈，我决定不要新的文具盒了。"

我示意他坐在我身边，问："为什么不要了呢？"

"因为我也要学会节约啊，其实我的文具盒也不是那么旧。"儿子甜甜地说。

但是我知道，儿子不要新的文具盒，这和真正意义上的节约还有一定差距。我决定给他培养正确的观念。

趁着儿子在客厅看电视的功夫，我翻阅起了报纸，儿子很快凑过来，他指着其中一副图片好奇地问："为什么这个小朋友这么瘦呢？"他指的是记者在非洲拍的照片。贫穷的家庭已经无力供养最小的孩子，他们吃不饱，穿不暖，孩子因为长年缺乏营养，患上多种疾病，已经走到了生命的尽头。

我教育儿子说："世界上有很多这样的小朋友，他们和你的年纪一样大，却在还没享受到生活的时候离开了。他们家里很穷，有时候连续几天都吃不上饭，和他们相比，你是多幸福的孩子啊。"

儿子一边听一边点头，我又说："钱要花在有用的地方，爸爸妈妈给你的零花钱你应该想好怎么花，学会合理地用钱。"

儿子年龄还小，和他同龄的孩子一般都有这个心理，看到周围有小朋友用了什么好看的、新鲜的东西，自己也很想要。现在的孩子比较富裕的家庭，他们无一不是满身名牌，花钱大手大脚。

显然，这些泡在蜜罐里的孩子还没形成良好的金钱观，这和父母的溺爱不无关系。

我认识一个女孩，根据我的了解，她的父母都是普通工人，家庭不是特别富裕，但是她用五六千块的手机，穿上千元的名牌鞋子，动不动就爱跟别人"摆阔"，说自己的衣服是在品牌店里买的，鞋子是限量版的，在周围人的赞叹中，她显得飘飘欲仙。

我见过她的母亲，也聊了这个问题，她的母亲说，她和丈夫挣不了几个钱，总觉得亏欠了女儿很多，所以女儿一提出要求，他们总是千方百计地设法满足。

存在这种"补偿心理"的父母不止一个，还有的父母认为自己从小吃过很多苦，没享受过什么优越的生活，一定不要让儿女重走自己的路。这类父母的共同特点就是刻意使孩子回避痛苦，逃避成长路上该经受的磨难。

像之前我提到的那个女孩，我问她为什么明知道家庭不富裕，还这么没节制地花钱时，她摆出一副无所谓的样子："他们生了我啊，就该养着我，这些也是我该得的。"

"补偿心理"导致的直接后果就是让孩子学会攀比和虚荣，看到别人用的东西好，自己的则要更好；别人的零花钱多，自己一定要更多。

我记得大文学家泰戈尔曾说："鸟翼系上了黄金，这鸟永远不再在天上翱翔。"孩子也是如此，用太多金钱堆积起来的青春是不完整的。让孩子有计划地花钱，养成勤俭节约的好习惯，是家庭教育的又一项内容。

需要明确的是，"物质小孩"不一定最快乐。

儿子有个要好的朋友，他的父母均是医药企业代表，家庭收入丰厚，住豪宅，开名车，孩子在家里有专门的玩具房。可是这个孩子却是班里最不快乐的一个，因为他的父母很会享受生活，一有空闲就出去旅游，把他丢给爷爷奶奶照顾。他和父母沟通的机会很少，变得郁郁寡欢。

在给孩子物质的同时，千万别忽略情感交流，良好的情感交流有利于孩子和父母的沟通，使孩子理解父母的意图。

我和丈夫带着孩子去超市之前，都要详细列一份清单，除了生活必需品外，只允许孩子再买一件东西。我们家还有一本账本，上面记录了我们的收入和支出情况，然后详细念给孩子听，儿子不但懂得钱来之不易，更明白不能随意花钱的道理。这样，儿子真正参与到了家庭的理财计划中来。

现在有那么多的"啃老族"，多半是因为他们不清楚身处什么位置，自己应该奉献一些什么，而像温室里的花朵，经不起风吹雨打，遇到困难本能地想到要父母来庇护。

还有一些父母，喜欢用金钱来激发孩子的学习欲望。

我的一个同学近些年来生意做得很红火，他有一个宝贝儿子，为了孩子，他立了一个规矩：如果他的期末考试每科分数在95分以上，给他 2 万块的"学习基金"，如果各科成绩都达到了满分，就给 5 万块"学习基金"。在他的物质鼓励下，孩子的各科成绩均达到满分，得到 5 万块钱的奖励。可是，孩子拿了钱以后变得不爱学习了，班级的值日他花钱找人替他做，就连作业都要"买答案"完成，第二学期的考试他成了倒数第一。

我认为，"金钱刺激"的方法并不可取，那样会扭曲孩子学习的本质。学习不是为了钱，而是为了实现自己的人生价值。

在我和丈夫的引导下，儿子渐渐养成了勤俭节约的好习惯，有一次我在厨房洗菜的时候忘记关水龙头，儿子马上替我关掉，还一本正经"教训我"说："妈妈，老师教育我们不可以浪费水源。"他建议我们把洗菜、洗脸的水用来冲厕所。晚上睡觉前，他还要认真检查一遍各个房间的灯是不是关好，我觉得他都快成节约能源的小代表了。

教育孩子时，父母要以身作则，把勤俭节约当成口号，为培养孩子的良好习惯做向导。

07. 你总要学会自己独自处理问题，
爸妈不能帮你一辈子

我表姐家的孩子宁宁从小是个比较"特殊"的小孩，为什么这么说呢？宁宁身上有着截然不同的两种性格，和熟悉的人在一起时，宁宁又蹦又跳，玩得特别开心，但如果和陌生人在一起的话，她就会很紧张、很局促。

宁宁经常来我家做客，特别喜欢跟儿子一起玩，而且她要当"首领"，让其他人都听她的指挥。我们大人在客厅聊天，孩子们就在小卧室里玩耍，没一会儿，儿子跑出来跟我"告状"了："妈妈，宁宁总是霸占我的玩具，她不让我玩。"

放暑假了，我让宁宁到我家住一段日子，周围很多和宁宁同龄的孩子，比较能调动她的积极性，多和小伙伴接触也是有好处的。可是很快我发现，宁宁的"内向"性格显露出来了。

这些孩子对于宁宁来说都是新面孔，她很害羞地站在一边，安静地看着别的孩子玩耍，也不参与其中。孩子们自然不能接受这样的玩伴，常常是把她自己扔下，他们又去别的地方玩了，弄得宁宁很不开心。

"我想回家。"宁宁在住进我家的第四天这样说。"这里的孩子都不欢迎我，他们不带我玩。"

我说："宁宁，你要学会主动找他们玩啊，你是陌生的小朋友，他们不知道你想玩什么，所以没有叫上你，是不是？"宁宁接受了我的建议，开始主动找伙伴去玩。和他们熟悉以后，宁宁开始"外向"起来，她总是跑到我面前说："小姨，他们又不跟我玩了，怎么办啊？"开始我告诉她要和小朋友和睦相处，后来我想了想，宁宁每做一件事都要请示大人，让大人给她做主，这怎么行呢？于是我说："你已经是个大姑娘了，应该自己解决问题，想想是不是哪儿做错了，小朋友才不理你呢？"

宁宁很聪明，她很快学会了如何跟小伙伴们相处，一些小矛盾也能自己解决了，还骄傲地向我展示她的能力呢。

孩子的可塑性都很强，她从小受了什么教育，就会被塑造成什么样的人。拿宁宁来说，她从小在奶奶家长大，从来都是衣来伸手、饭来张口，全家人围着她一个人转，她性格中的"霸道"因素就是这样养成的。平时，奶奶不让她做任何家务，就连衣服扣子都是奶奶给系好，如果有小朋友不想跟宁宁玩，奶奶就说："不跟他们玩了，奶奶陪你玩。"在玩的过程中更是处处让着她，这也就阻碍了宁宁和别人交流的机会，形成了典型的"双重性格"。

一提到独立解决问题，好像是我们成年人的问题，其实不然，真正需要独立解决问题的是孩子。孩子将来要立足社会，会遇到各种各样的困难，他们要运用自己的能力来化解这些困难。如果孩子们不会独立思考，将没办法迎接挑战。

我有个从事幼教工作的朋友，她跟我讲起给孩子上课中发现的问题。老师在美术活动中让孩子们画苹果，孩子们都在认真地画，只有一个叫桐桐的小女孩一动不动站在那里。老师走过去问："你为什么不画呢？"桐桐说："老师，我不会。"

孩子们都要自带水杯，大家把水杯放在一起，到了课间休息时间再找到自己的水杯喝水。小男孩林林每次都举手说："老师，我没有水杯。"其实不是他没有带水杯，而是他不会去找自己的水杯。为什么会出现以上的情况呢？这跟家长的教育方式有直接关系。孩子们具备了处理问题的能力，家长还是不放心，全都要替孩子包办，剥夺了孩子独立做事的权利，导致孩子独立解决问题的能力逐渐退化，遇到问题本能地回避，希望能有人替自己解决。

家长要培养孩子处理问题的能力，要做到放开手脚，在日常生活中做个"懒人"。凡是孩子自己的事情让他自己去做，比如让他们自己穿衣服，自己整理房间。第一次做这些事情难免会忙中出错，但是只有在错误中才能汲取经验教训，以便下次做得更好。也许孩子们会惹出很多麻烦来，家长不应该插手，而应该暗中给予帮助。

培养孩子的独立意识很重要。我们不妨借鉴一下外国的教育模式，在国外，孩子到了一定年龄，父母会让他出去打工，体验生活的艰辛，让他们学会独立生存的技能。这样，孩子在实践中掌握了很多能力，逐渐具备了独立意识。而我们国家的不少父母缺乏让孩子锻炼的意识，我们应该让孩子知道，一旦遇到问题，要动用脑筋积极解决问题，而不是消极地等待。比如，让孩子自己选择穿什么衣服，和同学吵架了，自己分析原因并解决，而不是全靠父母替他们完成这些事情。遇到和孩子相关的问题时，征求孩子的意见，理解并尊重他们。

在培养孩子处理问题的能力时，也应该适当给孩子设置一些小的障碍。有个同事对我说，他经常会给女儿钱，让女儿到楼下买馒头，他自己在阳台上看着。我觉得他的教育方法很好，他的孩子从走出家门到回家，包括买东西，这个过程肯定能遇到几个问题，她需要自己来解决。而我的同事既保护了女儿，又没有强加干涉，不失为一条妙计。

我们都希望孩子以后有很好的发展，那么就必须用实际行动鞭策他们，给孩子提供机会，让孩子真正做到用自己的智慧解决问题。

时常给孩子一些鼓励也是个好方法。孩子需要得到欣赏和肯定，我们充满鼓励的眼神和行动都是对孩子莫大的支持，能带来无穷尽的力量和积极的效果。

记得有一次儿子的围巾丢了，他回家求助我："妈妈，我的围巾丢了怎么办呢？"我问他："你想怎么办呢？"儿子想了想说："再买一条呗。"我摇了摇头："除了再买一条，就没有别的办法了吗？"儿子又想了一会儿，很高兴地说："有个办法可能会帮我找到围巾。"然后神秘兮兮进他的房间了。

第二天，儿子拿着一些自己写好的"寻物启示"，沿着家附近的街道认真贴好。我和他爸爸都夸奖他是个有创意的孩子，儿子特别高兴。虽然最后他的围巾还是没能找到，但他想到了解决问题的办法，这也算是一种锻炼把。

我们不能给孩子一切，他们终将离开家长的避风港，走向社会，成为未来的主人。但我们给了孩子解决问题的能力时，就等于已经给了孩子一个崭新的未来。

第七章 每个孩子都是
一棵长满各种可能的树

孩子是独立的个体，他好比一棵树，假如父母时刻干涉和管制，那么无异在这棵树上左砍一刀、右砍一刀，长此以往，再坚强的树也会长得伤痕累累。正面教育是不压制、不束缚，给孩子足够的爱和尊重，一定的选择和自由。只有放手让孩子人格自由发展的园丁，才能收获一棵健壮而生机勃勃的大树。

01. 大家不同，大家都好

在这个世界上，我们不可能找到两片相同的树叶，同样，我们也找不到两个性格完全相同的人。正因为我们丰富多彩的性格，才让这大千世界如此饱满精彩。

我的朋友最近就因为孩子的性格问题受到了困扰。她的儿子小新今年上小学了，可是班主任跟她反应小新在学校很孤僻，不太喜欢和同学们在一起玩。

回到家，她问小新："你在学校交到新朋友了吗？学校好玩吗？"

小新回答说："没有，大家在一起总是打打闹闹的，我觉得他们好幼稚。"

朋友又接着问："你为什么会这么想呢？"

小新说："我觉得打打闹闹太没意思了，还不如自己多看看书，或者放假了独自去郊游。妈妈，我特别羡慕武侠小说里面的那些大侠，他们来去自由，不受束缚，我以后也想当这样的潇洒大侠。"

朋友觉得孩子这样下去对以后的社交会有障碍，她觉得孩子必须要和小伙伴们一起玩、一起打闹才是正常现象，她甚至怀疑孩子是否有自闭症。朋友经常对小新说："你不要这么不合群，应该多和朋友在一起玩，一起谈心，这样的生活态度才是积极的。这样老是关起门来，一个人待着，大家会觉得你很奇怪的。"

小新每次听到妈妈这么说，总是冷漠的回答："可是，我就是喜欢一个人安静地呆着，我觉得这样很好，我没觉得有什么奇怪的。"

面对小新的坚持，朋友已经是无计可施了。有一天，她约上我们几个朋友带着孩子出去郊游，她觉得这是一次锻炼小新的好机会。她对小新说："妈妈今天带你去见几个新朋友怎么样啊？"小新还是拒绝了，他对朋友说："妈妈，我不想去，我不喜欢和小孩子一起玩，没意思。"

朋友对他说："你不也是小孩子嘛。"

小新摇摇头："反正我是不会去的，我再说一遍我就是喜欢自己一个人呆着！"

朋友非常无奈，此次出行只好作罢，她对小新说："你怎么这么固执啊！"

成年人的性格其实在孩童时期就已经成型了，因此，在我周围和小新性格很相似的孩子还有很多。

但是，很多父母却觉得自己的孩子整天一个人很奇怪，大多数父母觉得小孩子天生就是爱热闹的，喜欢和同龄的小朋友一起玩。因此，当发现自己的孩子性格很孤僻，我们就开始着急了。甚至有的父母还会因此而责备孩子："你怎么跟个闷葫芦似的！""你怎么小小年纪跟个死气沉沉的老头一样……"但是，这种办法并没有改善孩子的情况。因为越责备，孩子的思想包袱就更重。特别是我们那种命令式的口吻，对孩子的心理成长没有好处。

有些父母为了纠正孩子孤僻的性格，要求孩子跟性格活泼外向的小伙伴一起相处，但是，他们不知道，这样只会适得其反。当性格内向的孩子和外向的孩子相处时，心理压力反而更大，心中会形成一道防护墙，让孩子更加内向孤僻。

因此，我们不要强行改变孩子的性格，不管孩子的性格是恬静还是活泼，是天真还是内敛，只要孩子身心健康，生活快乐，我们就应该尊重孩子本来的模样。正所谓"大家不同，大家都好"，说的大抵就是这个意思。

如果我们孩子的性格与别人不一样，我们也不必要强求，这不是缺点，不要因为这一点就去斥责孩子。我们应该对孩子宽容一些。即使孩子的性格上有某些不好的倾向，也不要强迫孩子改变，作为父母，我们应该多和孩子交流，抓住孩子的性格特点，找出孩子性格特别的原因所在，对症下药。

培养孩子个性的时候，不要按照自己的想法培养孩子，那不是教育，那是捏泥人，我们要鼓励孩子有自己的个性。但是，我们也要告诉孩子人不是孤岛，你不用刻意改变自己，但是必须要适应社会环境，这样才能健康快乐的成长。

02. 一味要求孩子听话，孩子从此怕这怕那

我的闺蜜远嫁美国，上个月，她带着丈夫丹和混血儿子马克来看我，"有朋自远方来不亦乐乎"，我自然成了向导的不二人选。

前两天，我带着他们到处游玩，吃饭的时候，丹操着一口并不流利的中文问我："我太太在家有时候会跟儿子说，不听话的孩子不是好孩子，听话和好孩子有什么必然的关系吗？"

丹的问题还真把我问住了。是啊，从小老师和父母都教育我们要做一个听话的好孩子。在家要听爸爸妈妈的话，在学校要听老师的话，如果不听话就会被训斥，然后被扣上"坏孩子"的帽子。"要做听话的好孩子"，从来没有人质疑过这句话的正确性。

也许在一些原则性的问题上，我们的自我意识已经觉醒，认为我们的人生应该自己做主，父母是没有权利规定我们的未来的。可是，当家长和老师告诫自己这个不能做、那个不许做的时候，别说父母了，就连我们自己潜意识里都认可父母的话，那样做是错的。

没有哪个父母不爱自己的孩子，但是，要求孩子做个听话的孩子真的正确吗？我们是不是也被定式思维捆绑了呢？

我没法回答丹这个问题，就问他："那你们美国人是怎么看待'听话'这个概念的呢？"

丹非常认真地跟我说："在美国，说一个孩子听话，并不夸奖这个孩子，'听话'在美国不是个褒义词。一个孩子被别人形容听话，就代表这个孩子没有主见，缺乏创造力，没有冒险精神，长大后不会有什么

作为。"

后来的几天，丹让我感受到中西方教育的巨大差异。有天晚上，我带着儿子还有闺蜜一家到公园散步，丹又和我聊起了教育的问题。

他说："在中国的这几天，我见识了中国的教育，我觉得问题最大的就是教育孩子成为听话的人。我们出去玩的时候，只要有小孩子在场，就会听到父母对孩子说'你要听话，不听话下次就不带你出来了。'我不明白听话和好孩子之间有什么关系？假如按照这个标准，那爱迪生、牛顿都不是好孩子。"

丹很直白地指出来，让孩子听话表面上是为孩子好，其实只是父母的私心。如果说让父母高兴是孩子的首要义务和责任，那么听话的孩子确实要比不听话的孩子做得好。

丹的话让我陷入了思考。从小到大，我们一直要求孩子要听话，一不小心就磨灭了孩子的创造力和想象力。这些孩子从小就是听话的好孩子，按照父母规划好的道路风雨无阻的前行，上小学、上中学、上高中、上大学、出国、回国、上班直至结婚、生子。我们总说平平淡淡才是真，很多人也这样安慰自己。但是，希望过平淡的生活和只能过平淡的生活完全是两个概念。前者是对生活的选择，后者是让生活选择了。

看到这里，你也许有些困惑："既然让孩子听话会抹杀孩子的创造力，那孩子作业没做完就要看电视玩电脑，我们说了孩子不听，难道就这样放任吗？"并不是这样的，我们在教育孩子的过程中经常会走极端。孩子不听话，不代表着事事都和父母作对，更不代表什么都以和父母意见相左才算不听话。我提倡的"不做听话的孩子"，是指让孩子有自己的思想，有自己的理想、有自己的选择、能够决定自己的人生，并且为自己的人生负责。

孩子听话的过程，其实就是压抑自己本性的过程。我们不妨设身处地地想想，我们愿意被人管头管脚的吗？孩子之所以选择听话，是因为他们心里明白，只有听话，爸爸妈妈才会喜欢自己，如果不听话，爸爸妈妈就不喜欢，甚至还会挨打。这种父爱母爱是以控制欲为前提，而不是从有利于孩子成长的角度出发的。

我在教育儿子的而过程中，特别注意给他自己拿主意的权利。

儿子上小学的时候，非常喜欢玩一个游戏，玩得废寝忘食。等游戏结束后，时间就不早了，通常，儿子十点多就睡了，可是自从迷上这个游戏之后，他睡觉的时间一天比一天晚。丈夫跟我说："我们是不是控制一下儿子玩游戏的时间，照这样下去，睡眠时间不够，白天怎么用心上课？"

我对丈夫说："不用，应该让他自己决定睡觉的时间。"

从那以后，每次到了睡觉的时间，我和丈夫会提醒儿子："宝贝，该睡觉了。"但是我们绝不会反复催促他。

有一天，儿子玩到凌晨一点才睡觉，第二天，闹钟响了他还没有起来，我和他有过约定：妈妈不会催你睡觉，也不会催你起床。

没多久，我就听到儿子在喊我，我像往常一样，淡定地打开他的房门。儿子满脸都是焦急："妈妈，我要迟到了，怎么办！"

我假装惊讶的问："啊？你没听到闹钟响吗？"

儿子不好意思的说："我听见了，我本来想再睡十分钟就起床，可是一下就睡过头了。"

我问儿子："为什么会这样呢？"

儿子羞愧地低下了头，抿着嘴没有说话。

于是，这天儿子在所有小朋友做早操的时候才到学校。老师并没有批评他，但他自己觉得特别难受，因为有小朋友说他是小懒虫。

放学回到家，儿子一直闷闷不乐，我问他："是不是迟到这件事令你特别难受？"儿子点点头。

我接着说："迟到一次并没有什么，不过你要想想看，下次迟到会怎么样？"

儿子想了一下今天迟到的后果，坚定地摇摇头说："妈妈，我下次一定不会迟到了。"

我又对儿子说："这可很难说，这次你为什么会迟到呢？"

儿子想了想说："我玩游戏玩得太晚了，可是我现在决定了，十点半必须要睡觉。"

我很高兴，如果当时我规定儿子必须十点半睡觉，恐怕只能换来两种结果：

第一，他不情不愿地按照我的要求去睡觉，但是心里一定会有抵触情绪；

第二，他不断跟我讨价还价，以期延迟睡觉时间，最后他不高兴，我也不高兴。

自从这一次后，辰辰确实再也没有迟到过。

其实，我们要求孩子听话是为他好，希望他不会犯大错。有句老话说："吃一堑长一智。"与其逼着孩子听话，不如给他自主权。也许短时间里会产生一些不好的后果，就长远来看，其实是对孩子有利的。

我们要让孩子学会自己管理自己，而不是一味地听从我们的建议。父母对话只能是提醒、参考，听与不听应该由孩子自己决定，这是孩子的自由。

父母总是习惯性地为孩子规划好未来的道路，觉得自己是过来人，只有自己才知道什么对孩子好。可以这样说，如果父母的期望就是孩子内心的意愿，我想这个孩子的内心应该没有太多迷茫和烦恼。反之，这个孩子就会过得非常痛苦。我曾经读过一本如何教育孩子的书，上面这样说："我们所做的一切的初衷，都要围绕孩子将来的幸福着想，要支持孩子选择自己的人生道路，而不是替他画好一个圈圈，让他在里面挣扎。"

父母经常会对年幼的孩子说："你要听话，如果你不听话，爸爸妈妈就不喜欢你了。"又或者，"你再不听话，我就让大灰狼把你叼走。"这时，孩子被吓唬住了，紧紧地抱住爸爸妈妈，表示自己一定会听话。孩子不知道父母的话是真是假，他只能压抑自己的本性，迎合父母的要求，来换取父母对自己持续的爱，这是普遍的儿童心理。

父母这么说，只是为了吓唬吓唬孩子，让他们听话，但是很多父母不知道，这么做其实会对孩子造成很大的伤害。

美国一家很权威的心理研究所曾经做过一项调查，孩子小时候被家长这样"威胁"过，长大后普遍缺乏安全感，极易对他人不信任。

我们应该反省一下自己：我们要求孩子做的事，真的对他好吗？还是，这只是我们一厢情愿的想法呢？

当我们想明白这个问题的时候，你还会要求孩子做个"听话的宝贝"吗？

03. 孩子的未来不等于父母的梦想

几天前，我和儿子在小区散步，碰到邻居王大妈。王大妈神经兮兮地走过来跟我说："你知道吗？我们楼下的小泽离家出走了。"听完王大妈的话，我感到十分意外，但想了想，又觉得在情理之中。

事情是这样的：

小泽比我的儿子大六岁，只从他开始上学的第一天起，小泽的耳边就经常响起爸爸妈妈的叮咛："一定要好好学习！一定要考上北大。"为此，他在父母为他设计的框架里努力学习着。"功夫不负有心人"，12岁的小泽不负父母的厚望，以全班第一的成绩考进了一所重点中学。小泽觉得，自己终于可以松一口气了，没有辜负爸爸妈妈的苦心，这个假期应该可以好好地休息一下了。

正当小泽盘算着如何度过这个愉快的假期时，妈妈拎着一个大口袋回来了。小泽急忙迎上前去，打开口袋一看，顿时呆住了——里面全是初中一年级的课本和辅导资料。妈妈看到小泽这个样子，严肃地对他说："你不要以为进了重点初中就可以万事大吉了。要知道，凡是能考进这所学校的学生成绩都是优异的，你要想竞争过他们，就得提前做准备。"

小泽说："妈妈，这个我知道。可是，这个假期是不是让我……"妈妈打断了小泽的话："不用说了，我知道你要说什么，你还没到可以休息的时候。你的目标是北大！当年，你爸爸因为几分之差而错过了上北大的机会，这是他一辈子的遗憾，这个遗憾能不能弥补，只能靠你的了。"

见小泽没有回应，妈妈缓和了语气："孩子啊，我和爸爸都是为你着想。如果能考上北大，你以后的路就好走了！只要你考上了北大，到时候你想干什么就干什么，我们都不再管你。"

听了妈妈的话，望着这一袋资料，小泽无言以对，禁不住流下了眼泪。第二天，小泽就离家出走了……

你一定会觉得小泽的妈妈太严厉了，实际上，这样的家长在我们的生活中比比皆是。他们不考虑的孩子的想法，把自己的遗憾和期望全部寄托在孩子升上，按照自己想法，一厢情愿地培养孩子。孩子想当画家，父母说："画家有什么好的，当老师才是铁饭碗。"孩子想学钢琴，父母说："学钢琴那么贵，还不一定能学出来，学英语以后才能出国！"父母总想让孩子在自己规划好的道路上一直走下去。

因为各种原因，很多父母都没实现自己当年的愿望。比方说，有的父母天赋很高，但是因为家庭条件限制，没能实现；有的父母有某个方面的潜质，但是缺乏一个有力的导师，导致自己的天赋被埋没……于是，这些没有实现的愿望成了父母最大的夙愿。当他们有了自己的孩子，就想把自己的愿望赋予在孩子身上，强行要求孩子按照自己的想法生活、学习。父母越不得志，对孩子的期望值就越高；父母越是壮志未酬，越是希望在孩子身上得到补偿。

我也是一位妈妈，对这种心情我非常理解，但是孩子是否能实现自己的愿望，还要以孩子自己的意志为主。如果孩子的兴趣爱好和我们的期望背道而驰，我们又把自己的意愿强加给孩子，这样孩子怎么会心甘情愿的接受呢？兴趣是最好的老师，如果我们一意孤行，孩子们会觉得学习是一件很痛苦的事情，甚至还会导致孩子产生厌学、反抗的情绪，有的孩子会因此变得精神萎靡，对生活、学习以及对以后的工作都感到迷茫，失去信心。

因此，我们千万不要为孩子设计发展的模式，不要让孩子做自己的"接力棒"。其实，每个人都有自己的理想和追求，孩子也不例外。我们应该努力为孩子创造一块自由驰骋的天地，而不是越俎代庖，强人就己。

身为父母，对于曾经发生在自己身上的各种遗憾，一定要理性对待：不要因为自己的不甘心，就强迫孩子接受，就算孩子的理想和自己的一样，也不能操之过急，要选择一条合理的、科学的方式培养孩子。

我们总把孩子当成自己的附属品，其实这种想法是个误区，孩子是个独立的个体，他们也有自己的权利，他们的未来应该由自己决定。我们应该尊重孩子自己的选择和想法，以孩子的兴趣为向导，向孩子提出建议，为孩子找到自己努力的方向。

有的孩子长大想当画家，很多父母会认为画家这个工作不稳定，不赚钱还特别辛苦，于是就打击孩子，其实这种做法是错误的。因为孩子的年龄小，对世界的认识还不完全，他们只是通过一些表象来确立自己的世界观，不过，这可以大大提高他们的学习动力！孩子以后做什么样的工作，等他慢慢长大，接触社会的机会越来越多之后，他们自然会做出选择，不需要我们在他们很小的时候讲很多大道理。

孩子也是人，也有自己的想法和愿望，我们把自己想法强加在孩子的身上，会让他们对生活无所适从。我们要多站在孩子的角度考虑，不要单方面强迫孩子按照自己的想法生活。你已经对人生有所遗憾了，难道还要把这种遗憾传递到孩子身上吗?

04. 给孩子一片"破坏"的天空

儿子上小学时，有一天我和丈夫买了一个非常精致的石英钟，钟的声音很有特色，价格不菲，摆在家里非常好看。一天早上，儿子盯着石英钟看了很久，然后背着书包高兴地上学去了。

有一天下午，我和丈夫下班后，回家发现石英钟不翼而飞了，难道是来了小偷？我看到家里的其他物件都摆放整齐，便排除了这个可能性。难道这个石英钟自己长腿飞了吗？丈夫坐在沙发上冥思苦想，灵光一闪对我说："糟了，不会是那个小鬼搞坏了吧。一会儿子就放学了，等会我们问问他就知道了。"我有些不信，对丈夫说："不会吧，他要石英钟又没什么用。"

没过一会儿，我就听到儿子敲门的声音，一进门就把自己关在房间里捣鼓半天。我和丈夫走过去问他："你作业做完了吗，在干什么呢？"

儿子头都没抬，对我们说："早就做完了，你们先出去吧！"

平常儿子喜欢做个小手工什么的，我和丈夫也没多管，觉得训练一下孩子的动手能力也是好的。等儿子满头大汗的忙完了自己的小发明，我发现，家里的门上多了一个不伦不类的还会发出声音的门铃，丈夫这才反应过来："你从哪儿弄得这些东西？"

儿子脱口而出："我把石英钟拆了。"

丈夫一听，勃然大怒："谁让你动那个钟的！石英钟呢，你放哪儿去了？"

儿子看到丈夫发火了，知道自己这次一定闯了大祸。慢慢的从柜子后面拿出一个塑料袋，打开一看，妈呀，那么贵的石英钟已经成了一堆松散的零件，"死无全尸"了。丈夫一看，气的脸红脖子粗，抬起手就要打儿子，我赶忙一把抓住了丈夫的手，说："先吃饭吧，吃完饭再说。"

吃饭的时候，儿子做了检讨："上周上手工课时，老师给我们讲了一些小制作，我想给家里做只门铃，结果材料不够用，我就想到了石英钟。

原来想做好门铃用上一段时间后，再将石英钟重新装上，谁知道……"儿子低下了头，声音越来越小。

看着主动承认错误的儿子，丈夫也没刚刚那么生气了，他摸了摸儿子的头，说："先吃饭吧，等会儿我们一起看看，能不能把石英钟修好。"儿子看到爸爸气消了，很高兴。就这样，愤怒的乌云消散了。

其实，在孩子成长的过程中，会出现很多破坏的行为，在墙上乱涂乱画；头天给孩子买的玩具，第二天就被拆了；妈妈的口红，被孩子戳成一堆彩泥；不小心把牛奶洒在电脑上，又或者见金鱼缸里结了一层薄冰，怕金鱼冻死，他把金鱼全捞上来包在手帕里……其实，孩子有"破坏"行为并不一定完全是坏事。

著名的发明家爱迪生小时候就是个"破坏大王"。有一次，他对"青草不会烧起来，但是枯草却可以烧起来"感到怀疑，于是他想试验一下。他到仓库里，用火点燃了草堆，没想到火势越来越大，已经不受控制了，最后酿成了火灾，把父亲囤积的草料付之一炬。

很多父母对孩子的"破坏行为"头疼不已，经常抱怨："我们家儿子简直就是个小魔头，什么东西到他手里绝对用不到一天就报废了，只要是在他碰得到的地方，我都不敢随便放东西。他根本就不知道什么叫珍惜，难道打碎东西他很开心吗，真不知道孩子的脑子是怎么长得。"甚至有的父母，当孩子出现"破坏行为"时，直接动手打骂。

孩子的破坏行为确实让人头疼，但是，我想告诉大家的是：孩子的破坏行为不一定是在捣蛋。他们之所以会弄坏这个东西，是因为他们对这个东西感兴趣，想弄清楚到底是怎么回事。著名的教育家蒙特梭利解释道："这是因为他想知道这件东西的构造，他在寻找玩具里面是否有有趣的东西，因为从外观上玩具没有一点使他感兴趣的地方。"

实际上，孩子爱搞破坏时因为他们对世界充满了好奇心，是天性使然。因为年纪小，他们对所有事物都怀有新鲜感，并且想通过自己的实践，找寻世界的奥秘。身为父母，我们不能用粗暴的方法阻挡孩子的求知欲。当孩子刚刚萌芽的好奇心受到打击时，他们或许就会变得规规矩矩、老老实实，但也会就此泯灭了孩子爱动、好奇、勇敢，甚至冒险的天性。

爱迪生曾说："善于创造的人，往往具有一个奔驰的脑筋。"我们给孩子一些"破坏"的机会，被孩子破坏的物品价值或许可以估量，但是孩子的好奇心和求知欲是用多少钱都买不来的。

诚然，孩子一旦发生破坏行为，我们一定会怒不可遏。但如果从孩子的角度来想想，他这样做只不过是为了认识和了解事物。所以，当孩子搞破坏时，我们不能单一的惩罚批评孩子，也不能跟孩子说"你不能这样做，再搞坏就别想买玩具了"这样警告性的话。因为我们的批评和威胁，很可能会扼杀孩子勇于探索的积极性。

对于孩子的一些行为，我们轻易的就把这些行为定义为"破坏"，正确的做法是，父母应该了解孩子为什么会这么做。

中松义郎是日本的发明大王，他在 50 年间一共发明了 2000 多项科研成果。中松义郎小时候，由于好奇心很强，趁父母不备，把家里新买的一辆小汽车拆成零件。他的父母看到后，非但没有打骂，反而表扬他很有好奇心，勇于探索，这更增强了他勇于探索的精神。

对于孩子的这种"破坏"行为，我们不妨尽力参与进来，孩子"破坏"的过程，是一个眼、手、脑同时活动的过程。适当鼓励孩子进行"破坏"，就是在鼓励孩子勇于探索，勇于创造。因此，当看见孩子把玩具汽车拆了，我们应该参与到孩子的活动中，"车里面是什么啊，为什么轮子会动啊？"引导、帮助他一起寻找结果，然后再跟孩子一起把表恢复原样。这样做，才能让孩子在"破坏"、"探究"、"重建"中满足他们的好奇心。

总之，当我们看到孩子将玩具拆得七歪八扭，把墙上画得乱七八糟，我们不能贸然地批评孩子，扼杀孩子的好奇心，我们要适当给孩子留一片"破坏"的空间，鼓励和引导孩子如何观察世界，鼓励他们勤动手，勇于创造。

05. 孩子宝贵之处就在于个性，我们应该尊重

一天，我给儿子讲《灰姑娘》的故事，小家伙听得很认真，讲完之后我问他："如果灰姑娘在 12 点之前没有跳上南瓜车，她会怎么样呢？"

儿子想了想说："那她可就惨了，后妈一定不让她去，她也不能遇到王子了。"

我说："对呀，所以要记住，做什么事情都要守时。"

然后我又问："如果灰姑娘一开始因为后妈的阻拦而打消去舞会的

念头，她还会遇到王子吗？"

"当然不会，"儿子回答。

"对"，我夸奖他，"真聪明，这个故事说明，人到任何时候都不能放弃希望。"

"妈妈，《灰姑娘》里面有个错误，最后什么都恢复原样了，可是水晶鞋却没有恢复原样。"儿子很认真我惊讶地说："天哪，宝贝可真棒，你看，伟大的作家也会出错，出错并不是什么可怕的事情，你要是能成为作家的话，一定比他还要棒。"

在这样一问一答的对话中，已经拓展了儿子的思维，把道理藏于故事里，更容易让儿子接受。

如果不懂得尊重孩子的个性，是没有教育效果的，甚至会起相反的效果。

"看书、看书，还是看书，什么时候我才能真正和我的爱好相伴呢？"这是儿子的好朋友陈思然在作文中写的一句话，质问的语气透露出他的无奈。

陈思然是我们大家公认的发明创造小能手，虽然他的综合成绩不好，但在物理上的天赋极高。他的父母却认为他整天弄那些学习以外的东西没什么大出息，每次都指责他。

"我太自卑了，很有压力，一次次的考试失败使我学会了说谎，否则爸爸会打我。"陈思然不敢把真实想法说出来，只好写在日记里。父母天天逼着他学习，他没有时间去弄他的发明，越来越忧郁了。他的父母语重心长地说："你一定要好好学习，可要对得起我们给你花的钱啊。"每当陈思然想跟父母好好谈谈，他们都会这么说，陈思然不得不打消念头，变得越来越不愿说话。

每一个孩子都可能成功，关键是我们能不能帮助孩子找到最佳的发挥位置。好的家庭环境应该是适合孩子的个性发展，而不是让孩子收起个性。但是我所知道的是，目前很多父母普遍抱有一种心态，对孩子的期望值过高。

孩子能否成功，在于他是不是选择了适合自己做的事，也就是选择合适的前行道路。只有给孩子好的定位，才能发挥出它们的最大潜能。

暑假时我去拜访了我的一位导师，他的孩子是业内小有名气的高级会计师，说起这个，老师很庆幸当时他尊重了女儿的选择，而不是把自己的意愿强加给她。

老师的女儿琴琴不愿意学习，学习成绩也不好，琴琴初中毕业填志愿时，他跟琴琴进行了一次诚恳的谈话，他说："你应该好好想想，自己以后想从事什么职业。"经过跟女儿一番商量和慎重考虑，琴琴选择就读职业高中，修会计专业。

我是挺想让她上重点高中的，可是琴琴对会计感兴趣，看来她的选择没错。"老师笑呵呵地对我说。

每个孩子的思维方式和兴趣爱好都不同，就像花园里姹紫嫣红的花朵，各有各的美丽，我们又何必强求一致呢？如果我们追求整齐统一，那么就没有五彩斑斓的世界了。

说到这里，有一点是我要提醒的：尊重孩子的个性不等于放任他们的个性。

去年国庆节时，我给很久没见的一个朋友打电话送去问候，她正为孩子成成的行为焦头烂额。

"这孩子不知道怎么了，他喜欢画画，我们给他买画笔，他画得到处都是，如我们的衣服上、墙壁上。每天我都得费力打扫，有时候实在气急了，就吼他几句，他马上扔掉画笔跟我抗议。"

电话里，朋友的声音很无奈。

怎样才算是尊重孩子的个性发展呢？怎样给他们创造一个适合他们成长的环境？"孩子贪玩是应该的，他们做什么都没错，关键是大人要从正面去鼓励。"朋友这样认为。

她觉得自己的教育思想挺先进的，可是随着孩子年龄增长，她开始迷茫了："我对他几乎百依百顺，他却变本加厉。他现在不但不听大人的话，坏习惯也多起来了：在家到处乱扔东西，带他出去他就赖在地上不走，非要我抱，看见好玩的了就要我们买给他。"朋友怀疑自己是不是不该那么"尊重"天天的个性呢？

其实，我朋友的想法的确存在误区，"棍棒教育"的时代已经过去，尊重孩子，鼓励他们个性发展才是当今教育的主旋律。不过，个性发展需要一个"度"，在合理的范围内允许孩子自主发展。因此，在孩子几个月大的时候，我们应该适当地让孩子们知道，他们的某些行为让自己生气了。要是让他们完全自由发挥，不仅影响他们正常成长，还容易养成不良习惯。

现在有很多孩子都比较任性，父母和孩子一起玩耍时，孩子在前面玩，父母就跟在后面收拾"残局"，比如玩搭积木，才几分钟，积木就被踢得一塌糊涂，父母就帮忙再搭好，玩拼图游戏也是如此，面对摊开一地的拼图，父母总是非常耐心地帮助拼完整。

不少父母因为工作繁忙，没时间照顾孩子，又缺乏育儿经验，往往会表现出对孩子过多的保护，孩子就会把大人的迁就理解为自己在做正确的事。我们虽然不能过多地限制孩子，也不能单纯地"堆笑脸"，在孩子出现危险或错误举动时，我们一定要准确无误地表示出"愤怒"，可以用眼神或者一个动作来表示，通过给孩子小挫折，帮助孩子改正缺点，让他们健康发展。

孩子们的宝贵之处就在于他们与众不同的个性，我们应该尊重。教育是门艺术，没有一种通用的方法是适用于所有孩子的，只有承认了孩子的独特性，才能因材施教，开发出孩子的潜能。

06. 给孩子足够的成长空间，不做他们依赖的大树

我经常会问自己：应该如何与孩子和平相处，并且相处得愉快呢？

其实和孩子相处是一门深奥的学问。我想，为人父母的我们除了需要爱孩子之外，更需要理解孩子，懂得如何与孩子做朋友，以一种平等的姿态对待他们，给予孩子充分的成长空间和时间。

如果说孩子的未来是一片蓝天，那么对待孩子应该像放风筝一样，给他飞翔的机会，而不是把孩子禁锢在自己的身边，要求孩子完全服从自己的意愿和想法，这样必然会引起孩子的反感和抗争。

我听过这样一个真实的故事：

一个妈妈十分热衷偷窥孩子的日记，有一次她趁孩子上学的机会，又把孩子的日记本拿出来看，可是当她翻开日记时，纸页上赫然写着一句话："亲爱的妈妈，我在这一页夹了一根头发，如果我发现头发不见了，就说明你偷看了我的日记。"惊慌的母亲赶紧拔下一根头发夹在日记本里，并若无其事地等待孩子放学。孩子回来后，先是查看了一下日记本，然后一脸沮丧地对妈妈说："真遗憾，你果然偷看我的日记了，因为我根本就没有夹什么头发。"

这则故事在让人哑然失笑的同时也说明一个道理，那就是父母太喜欢干涉孩子的生活，却从未认识到这种侵犯隐私的行为是不合理、不合法的，同时也是最伤感情的。

每个人都有自己的秘密，当孩子拥有了自己的秘密，表示他已经想拥有属于自己的空间；当孩子意识到要为他人保守秘密的时候，表示他已经形成了初步的责任感。谁都不希望自己的隐私被别人窥视，我们如此，孩子更是如此。

自从给儿子买了电脑以后，他很喜欢上网聊天，回家的第一件事就是打开电脑，还神秘兮兮地关上门，不想让我和丈夫打扰。

丈夫不禁担心地说："儿子是不是有什么事情瞒着咱们啊？现在沉迷网络的孩子可不少，这样下去可不行。"

我决定问问儿子，于是等他再上网的时候，我敲门进了他的房间。我说："儿子，QQ 里怎么加网友啊？"

儿子顿时很好奇地问："妈妈也想上网吗？"

我笑了："那当然，网络时代嘛，我也不想落后啊，再说跟朋友联系起来也很方便。"

"有道理，"儿子说，"我加入了一个英语学习的社区，有些哥哥姐姐给了我很大帮助，我也经常在网上跟他们交流，觉得提高英语成绩还是很快的。"

过了一会儿，儿子又说："先别让爸爸知道好吗？等我英语水平提高了，给他一个惊喜。"我同意了。

后来一次英语测验，儿子的分数排在全班第二名，要知道他原来对英语并不感兴趣，成绩也很普通。丈夫高兴极了，在饭桌上追问儿子怎么一下子进步这么多，我说："这可是我们的秘密哦，不告诉你。"儿子顽皮地朝我眨了一下眼睛。

从此，我和儿子有了共同的秘密，他乐于将心里话说给我听，我想，是我对他的尊重换来了他对我的信任。

对孩子信任是非常重要的。但是，我周围却总有一些父母为了掌握孩子的秘密，屡次查看孩子的日记、信件、短信、聊天记录、邮件等。想要了解孩子的秘密，是每个父母的通病，孩子的一切信息，我们都想掌握，以便能更多地了解孩子的心理。

我看过一个专访，就父母侵犯孩子隐私的问题，记者采访中国青少年研究中心副主任孙云晓，她表示，在曾经向她咨询过教育问题的家长中，有很多极端例子。比如，一位妈妈发现儿子好像有早恋迹象，就打算在网上匿名和儿子聊天，以了解其思想动态。还有的父母竟然花高价雇私人侦探，跟踪子女的行踪。"父母长对孩子的爱，特别需要尊重与理解，没有了信任的爱，将是非常可怕的！"孙云晓说。

中国父母在教育孩子的过程中，虽然很强调爱，但往往忽略了要以平等和信任为前提。父母和孩子平等，对他们信任，就要给他们自主的发展空间。

我认识这样一位爸爸，从孩子出生后，他就时刻陪伴在孩子身边。

当孩子与伙伴玩耍的时候，他就在旁边看着孩子怎么玩；当孩子学习的时候，他就停下工作，坐在孩子旁边陪着孩子写作业；当孩子吃饭的时候，他就把孩子喜欢吃的菜夹到孩子的面前，看着孩子吃完；他还给孩子规定了固定的睡眠时间，催促孩子按时上床睡觉、按时起床，一分钟都不差。在这位父亲的努力"陪伴"下，孩子并没有让他失望，孩子的学习成绩在班里一直名列前茅，是父亲的骄傲。

然而，这个孩子在参加中考之际却失踪了。

孩子被找到以后这样说："我感觉自己总是被爸爸监视着，很担心自己考不了好成绩。"

多么沉重的回答，那位父母自以为给了孩子无微不至的呵护，却让孩子倍感压力而选择逃避，由这件事情我想到了不久前在杂志上看过的一则小故事：

从前有个人在井边想提一桶水，他从上面弯着腰使劲往上拉，可是拉上来一些，水桶又落下去一点，如此反反复复。这个人觉得很累，但是又不想松手，他可不想眼睁睁地看着好不容易打的水重新洒在井里。他又累又急，看着水桶，无奈地问："桶啊，你为什么不肯上来呢？"水桶说："你也不看看有多重，我哪能上得去？"这个人很委屈，说："我只是想让你快点上来啊。"水桶也很委屈地说："我装了这么多水，晃晃荡荡得太不稳了，怎么能怪我呢？"

这个人想想确实有道理，于是他只给水桶装了一半的水，这次他很轻松地拉上来了，这样，人不累，水桶也为不再有太重的负担而高兴。

我们的孩子就像这个水桶，不能给他盛太多的"水"，否则他会累，我们也会累，孩子和我们的关系就会因此变得不和谐。扔掉一些包袱，让孩子轻松快乐地成长，对双方都有好处。

孩子的成长如果没有了自己的空间，就会很难体会学习的快乐，甚至还会感觉身上背负太多的压力，总是没有尽头地努力、奋斗，不知道目标在哪里，也自然享受不到成功的快感。事实上，学习不只是为了一个完美的成绩，更是在实现自己的人生价值，应该让孩子们懂得，荣誉、表扬、物质奖励等这些外在的东西不应占据人生的全部。

孩子自己安排时间和空间，对他们的发展有很大益处。他们能很快知道前进的方向在什么地方，信心也会不断增强。

在这个方面，我的同事做得很好，她从不会偷看孩子的任何秘密，跟孩子说话也是以商量的口吻，而不是颐指气使。她的孩子今年考上了重点高中，她对我说，即使是在学习最忙碌的备考阶段，她也给孩子足够的时间去放松和休息，从不要求孩子必须看书或是做题。她认为，孩子有个轻松的好心态才有利于考场上的发挥。

的确如此，没有什么比让孩子自由安排时间更好的减压方式了。想促进孩子健康成长，就要激励孩子的内在潜力，这才是最主要的。

让我们给孩子足够的成长空间吧，不做他们依赖的大树，养成信任他们、尊重他们的好习惯。

07. 鼓励孩子去玩，
而不是把孩子限制在条条框框里

郭俊是我的外甥，从小就很贪玩。每天放学后，郭俊不是拿着自制的扑虫网到公园捉虫子，就是和小伙伴一起在公园的池塘边捉青蛙。

有段时间，弟妹对郭俊的贪玩行为感到十分恼火，一气之下，把他所有的玩具全部丢进垃圾桶，但即使是这样依然不能阻止郭俊那颗贪玩的心。郭俊总是有很多"鬼点子"，就算弟妹一次又一次丢掉他的玩具，他也能一次又一次做出更精美的工具来。班主任经常对他说："你非常聪明，就是这点聪明劲儿没用到刀刃上，所以成绩才这么一般。"弟弟弟妹听老师这么一说，更着急了，觉得贪玩一定会毁了这个"小天才"。

由于郭俊的成绩一般，他并没有考上重点高中，在一所普通中学的成绩也只是中等偏上。但是郭俊做航模的技术在学校可是数一数二的，他制作的模型不仅在市里的比赛获了奖，他还将代表学校参加省里的比赛。高一那年，在学校老师的帮助下，他制作的航模在省里的比赛中获得一等奖。

其实，贪玩是孩子的天性。孩子之所以贪玩，是因为他们对这个世界充满好奇，想要探索这个世界。事实上，孩子可以在玩耍中学到很多知识，加深对世界的认识。由哈佛大学著名儿童心理学专家组成的"发现天赋少儿培育计划"课题组，在对世界各地近3000名10岁以下儿童进行跟踪调查后发现，在被认为是聪明过人的孩子里，87%都有"强烈的好玩之心"。所以，亲爱的父母们，从现在开始，不要把你的孩子限定在你规定的"框架"里，"纵容"你的孩子开怀地玩耍吧！

一个懂得教育孩子，懂得如何培养孩子的父母，应该把"玩"也列入教育计划之中。我们不仅要让孩子玩，还要陪孩子玩，还要教会他们怎么玩。让孩子充当"玩"的主角儿，感受玩的乐趣，在玩中加深对世界的认识，这才是我们的目标。

在与孩子玩的过程中，我们可结合"玩"的内容，培养、引导孩子对事物的兴趣。比如，捉到蝴蝶后，可以让孩子观察蝴蝶的外形，蝴蝶的颜色，看看它们各有什么特征，有什么相同和不同的地方，再把它们与其他种类的昆虫比一比，让孩子对自然界的各种小生物发生兴趣。

陪孩子玩，也是引导孩子开阔视野，开拓思维的好途径。比如，我们发现孩子喜欢玩动物玩偶，在陪玩中就可向孩子介绍不同种类的动物，以后再带孩子去动物园、海洋馆参观，扩大孩子的眼界，孩子会饶有兴趣地了解各式各样的小动物，甚至还可以买一些小动物。比如金鱼、乌龟、小兔子等，让孩子体验饲养动物的乐趣，这样还可以获得更多的知识，建立起孩子的责任心。

同时，玩也是培养孩子良好品德的有效方法。我们在陪孩子玩的过程中，可以针对各种情况进行品德的培养。如带孩子去公园，要教育孩子不能摘花，要爱护环境；爬山时不怕苦、不怕累；摔跤了要自己站起来，做一个勇敢的孩子，不要破坏文物；带孩子看电影，就应该教孩子做个文明的观众，不大声喧哗、不哭闹、不踢凳子等等。

究竟如何让孩子既能玩得开心，又能学到知识呢？我是这样做的：

第一，观察孩子的喜好。

对于那些贪玩的孩子，我们应该仔细观察孩子喜欢什么、怎么玩，弄清楚这样玩对孩子是否有益，会不会影响其他人、会不会对公共环境造成不良影响等。不能仅凭主观臆断，就对孩子的贪玩加以干预。

第二，引导孩子去玩。

贪玩的孩子往往拥有十分广泛的兴趣爱好，在这种情况下，聪明的做法不是限制孩子玩，而是引导孩子玩。我们应该把孩子的爱好引向更健康、更科学的方向。孩子如果爱好广泛又比较贪玩，他们往往玩起来认真投入，不能自制。我们应该怎样做呢？

儿子非常喜欢踢足球，放学后就在小区的篮球场里踢。尽管场地狭小，仍然玩得汗流满面，还踢坏过不少花花草草。后来我分析，孩子喜欢踢足球是件好事，他在体育课中的长跑项目没有达标，而踢足球也是锻炼长跑的好机会。于是，我决定每个周末带他到体育场的大足球场上去踢，这一下儿子高兴坏了。我这样做的结果既保护了孩子的兴趣，又弥补了体育课中孩子的弱项。

第三，帮孩子合理安排玩的时间。

孩子有广泛的兴趣爱好，但是又得不到合理的时间安排，于是玩得时候忘乎所以，占用了学习的时间，所以才造成了"贪玩"的现象。想要改变这种现象，需要我们帮助孩子合理安排时间，告诉他们什么时间玩什么，怎么玩，这样才能让孩子在玩中收益。比方说，我们可以带孩子骑车、游泳，有条件的话还可以经常带他们郊游、爬山、参观博物馆等。

俗话说："只学习、不玩耍，聪明的孩子也变傻。"孩子不仅是在玩，还是在亲近这个世界，了解这个世界，增长知识。所以，我们应该鼓励和引导孩子去玩，不要让条条框框限制了自己的孩子。

第八章 蹲下来，
用爱和孩子说规则

爱孩子，他会变得没有规矩；管孩子，他会感觉不被爱。一爱就乱，一管就断。所谓正面教养就是用爱的方式去给孩子说规则。每一个"我爱你"之后的转折"可是"，都是在提醒孩子，你要对自己的所作所为负责、你要为自己的错误和过失承担后果、你要尽可能想办法恢复或弥补。爱，无条件，但有规则！

01. 没有规则的教养是不完整的

上周末，儿子学校安排了亲子活动，我和丈夫一起参加。40 来个学生加上上百名家长，场面真是浩大，儿子一反在家的常态，俨然成了个小领导，给我和他爸爸安排任务，我们也乐得配合。

亲子活动中有个游戏，就是将所有的孩子分为 6 人一组，一共 8 组，让孩子扮演家长的角色。我和丈夫在一旁休息，边看边对丈夫说："现在的孩子精力真旺盛啊，我们这一把老骨头都跟不上了"。然后我看到儿子他们那组似乎有点小意外，我们听到一个男孩大声说："你们现在都必须听我的。"

包括儿子在内的其他 5 个同学，并没有理会那个愤怒的男孩。由于好奇心作祟，我继续观察事态的发展，那个男孩见同学们都不理他，赶紧求助自己的爸爸妈妈。孩子的父母本来就在旁边，一听孩子的呼唤，赶紧过来安慰男孩："涵涵怎么了，谁欺负你了？告诉爸爸妈妈。"

男孩转过身，指着其他 5 个同学说："就是他们，他们不听我的话！"

还没等男孩的父母开口，另外 5 个同学异口同声地说："我们真的没有。"

原来同学们自己选了一个小队长，由小队长来分配他们的任务，可是叫涵涵的孩子不乐意了，他认为他才应该做小队长，所有人都要听他的，否则就不准玩这个游戏，可其他的同学也不乐意了。

涵涵的父母搞清楚来龙去脉后，就跟其他同学商量："孩子们，阿姨知道你们都特别乖，那能不能帮阿姨一个忙呢？就让涵涵当这次的小队长，活动结束了叔叔阿姨请大家吃冰淇淋好不好？"

其中一个女孩子立刻拒绝道："不好，冰淇淋我的爸爸妈妈也会给我买，但是做游戏一定要听大家的意见。"

涵涵的父母见孩子们不答应，改变了策略："原来你们这么不听话啊！"

孩子们七嘴八舌地说："你为什么不叫涵涵听你的话啊？"

这时候，我和其他同学的家长都赶到了，涵涵的父母又转而跟我们家长商量："各位家长，拜托你给你家孩子说说，就答应我们涵涵这一回吧，这孩子在家的时候，我们什么都依着他，他已经习惯了。"

其中一位父亲明显有些不高兴了："我们女儿在家也是爷爷奶奶很疼的，她也习惯了，我也没办法。"

涵涵的父母继续低声下气地央求孩子和大人。大人脸皮薄，也不好意思直接拒绝，都以孩子为借口："现在是孩子们自主游戏的时候，我们做家长的也不好干预太多，就让孩子自己决定吧！"

最后，其他同学反而更生气了，都不想和涵涵一队了。涵涵恼羞成怒，当场大闹，对着父母大吼："不行！不行！我就要当队长，我要他们听我的，必须听我的！"

他父母面露难色，在一边哄他："涵涵乖，爸爸妈妈都听你的，回家后爷爷奶奶也都听你的。"

从涵涵父母的态度上，我们不难看出，在家里涵涵肯定是个"小皇帝"，全家人都得以涵涵的意见为主。

其实，这个问题在现代独生子女的家庭里相当普遍，只是有的轻一些有的重一些，而涵涵家显然属于比较严重一些的情况。

大部分家里都是这样吧，有什么好吃的、好玩儿的，首先想到孩子，买衣服买鞋也先给孩子买，自己穿什么都无所谓。只要孩子有要求，家长就尽能力满足。为了让孩子高兴，玩游戏的时候故意放水，生怕孩子受委屈了。孩子在家里就是"小皇上"，说一不二，他不需要体谅父母，不需要遵守规则，因为他们的潜意识里："我就是规则。"

然而，这样的孩子一旦踏入社会，会非常不适应。他发现老师同学并没有以自己为中心，同事朋友也不依着自己。于是，他会故伎重演，希望达到自己的目的，但是现在这些伎俩不管用了。没办法，他只好迁怒自己的父母，因为父母会无条件地迁就自己。

然而，有的家长并没有意识到这种做法对孩子的危害。当孩子被小朋友们排挤的时候，他们首先想到的就是让自己的孩子开心。于是，他们想办法收买其他的孩子，甚至低声下气地去求其父母，继续为孩子营造这种众星捧月的感觉。

关于这点，我亲身经历过一件事。

上个星期，我给儿子新买了个遥控车，他做完作业兴冲冲地就拿到公园里玩了。一个小朋友看到后，哭着喊着要玩，于是小朋友的妈妈对儿子说："小朋友能不能把你的遥控车给弟弟玩啊，阿姨可以给你买新的。"儿子舍不得，就拒绝了。

那位母亲看到我，就跟我商量："您看能不能跟你孩子说一说，让他把这个遥控车给我儿子玩，多少钱，我可以买。没准儿你说他就答应了。"

我对那位母亲说："这是他的东西，我可做不了主。"

那位母亲很不高兴地抱怨了一句："你怎么连个孩子的主都做不了，还怎么当妈啊！"

有些父母碍于情面，也为了让自己的孩子表现大方慷慨的一面，往往会半哄半逼着孩子出让自己心爱的玩具。我对这种做法难以苟同，首先，这样做对孩子没有好处，只会助长孩子自私嚣张的气焰；其次，还会让自己的孩子心灵受到伤害。

我对那个苦恼的小朋友说："如果你真的喜欢这个玩具，愿不愿意自己跟这位小哥哥商量一下，让他借给你玩一会儿？"

那孩子大概知道这次哭闹不会起作用，但又确实喜欢这个玩具，有点心动了。以我对儿子的了解，只要不是抢，他是愿意和其他小朋友分享的。

可是正当那孩子努力想跟儿子商量的时候，他妈妈一把搂过他："算了，不给就不给，有什么稀奇的啊，妈妈给你买更大的。"

看着母子离去的背影，我无奈地叹了口气。本来如果她支持孩子的话，这是一个培养孩子遵守规则的好机会，可是因为妈妈的狭隘，孩子失去了这个对他成长有利的机会。

不仅是孩子，我们也可以观察一下自己周围的成年人。假如在工作中，有个人在单位对大家颐指气使，我想大家一定不会服他吧！不仅如此，大家还会想方设法把他从自己的部门弄走。最终，这个人成为一座孤岛，没有朋友，也没有社交。

如果各位家长不希望自己的孩子成为一座孤岛，就不要把自己的孩子惯成"小皇帝"，毫无规则。要知道，没有规则的教养是不完整的。就算是呼风唤雨的父母，也只能保证孩子在家里拥有特权，不能保证孩子在社会上一样拥有特权。

我们对孩子妥协是出于爱，但是社会上其他人不会牺牲自己的利益去成全你的孩子，这种情况下，孩子就会受到大家的排挤和责难。如果我们希望孩子以后能被其他人接受和喜欢，就应该让孩子明白：他应该遵守规则。

02. 溺爱不是爱，而是一种伤害

最近，我在杂志上看到王晓春教授的一句话："正是家长的溺爱，教会了孩子自私和不孝。"

是孩子生下来就不会爱别人吗？当然不是！可以说，是一些父母过分的娇惯把爱心扭曲了，孩子为所欲为地挥霍父母的爱，渐渐地把爱丢失，不会爱自己，更不会爱别人。

我曾经在报纸上看过一篇报道：一个下岗女工平时非常溺爱孩子，她知道女儿很爱吃虾，虽然家里不富裕，但在女儿过生日那天，她还是咬牙买了一斤虾做给女儿吃，而她自己没舍得动筷子。后来女儿吃完饭，她忍不住刚想夹一只虾来吃，没想到女儿立刻高声说："你不许吃，那是我的！"

看到这则故事的我，不禁为之心寒。这不正是妈妈教给女儿的自私吗？因为太宠爱孩子，让孩子变得冷漠无情。

身为父母，我们都爱自己的孩子，希望给孩子最富足的生活，希望能替他们承受苦难，抵挡所有的痛苦，斩断所有的荆棘。但是成长在溺爱环境中的孩子，如同走进迷宫的迷失者，茫然不知方向。过度的爱让他们丧失了生存本能，不能对自己的生活负责。在家里，他们是娇生惯养的"小皇帝"、"小公主"，走上社会后，他们往往忽略别人的感受，变得自私自利、独断专行，承担不起属于他们的责任。

我小区里有个8岁的小男孩，每天都是他妈妈接他放学，替他背书包，回到家以后，奶奶早就准备好了果汁和水果，他的任务就是坐在沙发上，安然地享受这一切。一次他的奶奶生病了，家里人忙着照顾奶奶而忽略了他，因为没人给他剥香蕉，他就把香蕉扔得满地都是。

我认识的很多人都有溺爱孩子的心理，唯恐孩子得到的爱不够多，想要给他们最好的，孩子想要"星星"，父母绝对不去摘"月亮"。然而他们却经常向我抱怨，为什么自己节衣缩食尽力满足孩子的需要，却还是让孩子对自己充满敌意呢？

我认识的一个人，她离婚后带着儿子生活，为了弥补单亲家庭给孩子带来的伤害，她总是尽全力满足儿子的一切要求。一天，她找到我，并对我说："平时我对儿子关怀得无微不至，可是他对我却非常冷淡，我过生日那天，同事往我家里打电话，恰好我不在家，是儿子接的电话，同事告诉他今天是我的生日，没想到儿子却冷冷地说：'她过生日关我什么事？'听了这话，我很伤心，每次他过生日我都给他买这买那，他怎么都忘了？"

说到这儿，我面前的这位妈妈掩面而泣。

邓颖超女士曾经说过："母亲的心总是仁慈的，但是仁慈的心要用得好，如果用不好，结果就会适得其反。"我们给孩子过分的关心溺爱，等于剥夺了孩子勇于迎接挑战的勇气，面对困难，只会知难而退不会迎难而上。这样的孩子永远是被"隔离"的，既不能接受别人，又不能被别人接受。

"假如你将所有困难都关在门外，那么成功也将被你关在门外了。"黑格尔的这句名言提醒我们，适当地让孩子尝试困难不是一件坏事，人要在磨炼中成长，付出才有回报。

我们关爱孩子，不应该是一味地填充爱，我的孩子也像很多小朋友一样，喜欢要这要那，我不是单纯地依着他们的性子，而是有自己独特的方法。

有一次我带着儿子去逛街，他看中了玻璃橱窗里的泰迪熊，玩具标价 480 元，儿子扬起小脸问我："妈妈，我可以要这个泰迪熊吗？"

他眼里闪烁着期待的光芒，我微笑地看着他，问："这个熊很可爱，但是你想不想自己做出这么可爱的熊宝宝呢？"

儿子显得很兴奋，说："我当然想啊，不过自己做不好。"我说："没关系，妈妈可以帮你。"儿子欣然同意了。于是他打消了买泰迪熊的念头，回家以后我找来碎布和棉花，和儿子一起做了一个模样的小熊布娃娃，儿子很开心。

和儿子制作娃娃的过程中，既锻炼了孩子的动手能力，又增加了和他的互动与沟通，最重要的是，他觉得很快乐。如果给他买了那个玩具熊，他可能会产生一种念头：我想要根本不用费力气。

有时，换一种爱的方式或许会更好。我们和老师总是认为自己的做法是对孩子的一种体贴入微的爱，他们的本意也是如此。但是，当这种爱成为孩子成长的一种阻碍和负担的时候，我们就应该考虑换一种爱的方式。放手让孩子大胆地去做他们想做的事，在他们不清楚的时候点醒他们，这样就足够了。如果事事包办，那么他们就自然地养成了惰性，离开了父母和老师，就不可能很好地生存。

我的儿子对什么都充满好奇，有时候会突发奇想地搞一些"发明创造"，也会和其他男孩一样喜欢探险，我很鼓励他的实践精神。

一天吃晚饭的时候，儿子看似漫不经心地说了一句："这个暑假学校要举办一次野外生存训练活动。"我说："那很好啊，这样的活动很有意义，我支持你参加。"儿子高兴得差点跳起来，说："真的吗？我们班很多同学的家长都不让他们参加呢，说是很危险，妈妈你真好。"

我为儿子感到自豪，因为我愿意让他做一些自己喜欢做的事。兴趣是最好的老师，如果强硬地把孩子保护在羽翼之下，对他的成长是很不利的。

现在大部分父母都被动地让小孩去学习很多知识，但学习知识的同时，孩子丧失了很多宝贵的品质，变得十分被动。孩子在一个充满爱和自由的舒适环境中，他自己会摸索着找到一切可以发展自己的机会和学习的途径。通过各种感官的探索，孩子可以获得很多感觉，然后他会把接触的各种事物进行综合认知，从而得到对事物的判断。

在对待孩子成长的问题上，我一直认为外国的教育方式很可取。在国外，很多父母都采取"狮子育子法"，即使孩子从楼梯上滚了下去，也没人会搀扶他，像什么都没发生一样让他自己去上药。如果过分保护孩子，就会使孩子产生依赖心理，孩子太信任父母会给他完美的保护，则不具备自我保护意识。

另外，爱是要有节制的，掌握好爱的尺度是教育的一种艺术。爱孩子并不意味着无限制地溺爱他们，而是要把握一个度。适当地爱，适当地放手，更可能收获意想不到的效果。有时，我们应该思考我们的爱要给出多少才合适呢？

我们过分溺爱孩子，就使孩子少了份勇气和毅力。适当地让孩子承受一些苦难，才能让他们变得更坚强，才会懂得光明的珍贵。优越的生活往往滋生出丑恶，只有经历过黑暗的洗礼，才能坚强地面对未来。我们经常赞美那些付出爱心的人，却忽略有时过度的爱反而是一种心灵摧残。所以，溺爱不是爱，而是一种伤害。

被人疼爱是很幸福的，但溺爱却是一份相当沉重的负担。不要让我们的孩子成长在溺爱的温床，我们需要给孩子爱，但这份爱绝不能泛滥，否则将会成灾！

03. 为你的每一次行为负责到底

一天，儿子和几个小伙伴在楼下踢足球，一不小心把球踢到了一楼小陈家的窗户上。

"啪"的一声，玻璃碎了。儿子怕陈叔叔怪自己，赶紧跑回来找爸爸。丈夫听儿子叙述了事情的经过后，不以为然地对儿子说："儿子，不要怕，走，爸爸和你去买块玻璃，到陈叔叔家给他道歉，再把窗户给他修好，不就行了吗？"

于是，丈夫领着儿子买了块玻璃，一起去了陈叔叔家。丈夫对陈叔叔说："小陈，对不起，孩子刚才踢足球时不小心把球踢到了你家窗户上，把你家的玻璃打破了，这不，我买了块玻璃来给你把窗户修好。"在丈夫说这些话的时候，儿子始终站在丈夫的身后，只露出一个小脑袋，一句话也不说。

小陈笑着说："我就说呢，是谁家的捣蛋鬼把我家的玻璃踢破了，连球都不要了，原来是你儿子啊。孩子，不要怕，来，叔叔把球还给你，去玩吧。"听了陈叔叔的话，儿子似乎轻松了不少，丈夫说："儿子，快谢谢陈叔叔，拿着球玩去吧。"儿子一听，接过小陈手中的球就跑了出去，留下丈夫给小陈装玻璃。

后来，丈夫回来了，对我说："事情解决啦。"我对他说："儿子闯祸了，心里害怕，回来找你解决，你怎么不让他自己去道歉呢？你每次这样给他收拾烂摊子，以后他还能有担当吗？"丈夫若有所思。

每个孩子都是家里的宝贝，含在嘴里怕化了，捧在手上怕摔了，我们总是为孩子解决所有问题。我们可以帮助孩子一时，能帮他一世吗？作为父母，我们不能老替代孩子承担过失，应该教会他们为自己的行为负责。

说到这里，我想起了日本著名文化人类学者高桥敷先生的一个故事。高乔先生在秘鲁一所大学任职期间，邻居是一对美国教授夫妇。

有一天，这对夫妇的孩子踢球时不小心把高乔先生的门踢坏了。发生了这样的事，按照东方人的思维，高乔先生和夫人觉得，美国夫妇会很快带着孩子来道歉，但是，他们错了。

孩子把门踢坏后，那对美国夫妇根本就没出现，孩子也没有迅速来道歉。第二天一大早，高桥先生就听到有人敲门，打开一看，原来是那个闯祸的孩子来道歉了。孩子拿着一块玻璃，很有礼貌的说道："叔叔对不起，昨天不小心把你的门踢坏了，我本来昨天就想来道歉的，但是五金店已经关门了，我没有买到玻璃，就没能及时赔偿您的损失。我今天一大早就去买玻璃了，请您收下，也原谅我的过失。请您相信我，今后这种事情一定不会再发生了。"

理所当然地，高桥夫妇不仅原谅了这个勇于担当的孩子，并且和孩子一起装上了玻璃，他们很喜欢这个孩子，邀请孩子吃了早饭，临走的时候又送给他一袋日本糖果。

在美国文化里，假如孩子做错了事情，不管孩子是大是小，大部分父母会让孩子自己承担责任。他们认为，要让孩子从小学会对自己的行为负责，孩子长大以后，才能勇敢地承担责任，而不是逃避。

心理学家研究表明，孩子之所以不敢为自己的过失负责，是因为他们在一定程度上害怕责罚。如果对孩子的过失不是责罚，而是原谅孩子，给他讲明白道理，让孩子不再犯同类的错误，那么孩子是会为自己的过失负责的。

有一天，我发现班上的学生王友正用泥巴砸自己的同学，我马上制止了王友的行为，并让他放学后到我的办公室。放学后，我来到办公室时，王友已经在门口等着我了。我从口袋里掏出一块糖果送给他，对他说："这是给你的奖励，因为你很守时，我却迟到了。"

王友非常吃惊，从我手里接过糖，我又掏出一块糖果递给他，并对他说："这也是给你的奖励，因为我让你住手，你就马上停止了，这说明你很尊重老师。"

王友感到很迷惑，我又掏出第三块糖果递给他，对他说："我都清楚了，你之所以会拿泥巴砸同学，是因为他总是欺负女生，你这样做说明你很有正义感，有跟坏人作斗争的勇气！"

王友感动得哭了，他后悔地说："老师，您打我两下吧，我错了，可他不是坏人，是我的同学呀！"

我满意地笑了，随即掏出第四块糖果递过去："因为你正确地认识了错误，我再奖给你一块糖果……我的糖奖完了，你也可以走了！"

由此可见，对孩子的过失，只要不是一味地责罚，那么孩子是会主动承担责任的。培养孩子能够为自己的每一次行为负责到底，父母可以参考我的以下几个做法：

第一，孩子的事情让孩子自己做。

有些事情，我们怕孩子做不好，就全权承担，时间一长，孩子不仅会丧失自己独立的能力，还会滋长他们对我们的依赖。更严重的是，孩子会变得没有担当。所以，我们教会孩子，自己的事情自己做，自己的责任自己承担，帮他们一点一点建立责任感。

第二，允许孩子有过失。

"你在学校不能跟同学打架啊！妈妈会生气的。"

"这个杯子是妈妈新买的，你要是给我打碎了，看我怎么收拾你！"

这些话，你是不是经常对孩子说呢？其实，在说这些话的时候，你就已经在无形中给孩子施加了压力，不仅没有减少孩子的过失，反而会让孩子的过错越来越多。他们害怕被我们责备，因此不敢承认错误，承担责任。

这时，我们应该告诉孩子："人非圣贤，孰能无过，有错就改，善莫大焉。"我们要容忍孩子犯错，让他们知道，犯错不可怕，不敢承担责任才可怕。

第三，鼓励孩子面对自己的过失。

孩子不敢面对自己的过失，就是因为我们一而再、再而三地吓唬孩子不许有过失。面对孩子的过失，我们要理性地去对待，要鼓励孩子去面对、去负责，这样孩子才不会逃避。

我们鼓励孩子面对过失，有助增强孩子的自律性，以便将来独立和全面地承担人生的责任。

04. 训诫并非单纯的责备，别让孩子变成"小霸王"

最近一段时间，校园暴力的新闻层出不穷，施暴方有的接受法律的制裁，进入少管所，而被施暴方，轻则精神错乱，重则结束自己年轻的生命。孩子们本该是在明媚的阳光下健康成长，是什么，让孩子的暴力行为越来越严重，暴力事件与日俱增？

我曾经看过一项心理研究，研究表明，有暴力倾向儿童的数量呈上升趋势。这项研究针对 7 岁到 13 岁之间的孩子，在这群孩子中，23.9％承认自己有通过暴力解决问题的想法。这个数字让人感到很惊讶，我们必须要明白暴力行为对孩子带来的危害，并且要及时纠正孩子的暴力行为。

我曾经看过这样一个普法节目。故事的主人公是个男孩，这个孩子很聪明，成绩也很优秀，家境优渥，未来一片大好。但是，在他14岁那年，他用刀捅伤了同学，被关进了少管所。

后来，记者采访他时，他面对镜头，对自己的犯下的过错进行了反思："从小，我爸爸妈妈就对我说，只要你把成绩搞好了，犯了什么错都不是错，只要成绩好，你做错什么爸爸妈妈都不会怪你。所以，我每次都考第一名，我爸妈也说到做到，我做什么他们都不管我，因为成绩很好。后来，我变得非常任性，在学校说一不二，谁不服我，我就打谁。我爸妈也跟我说，首先要把学习搞好，第二在外面不要吃亏，不能被别人欺负。"

他慢慢地低下了头，接着对记者说："如果我在外面被欺负了，他们一定会觉得我很没用。我还小的时候，有个小孩儿抢了我的飞机不给我，我很生气，捡起一块石头把他的头砸流血了。家里给他赔了钱，我以为我爸妈要打我，结果，他们并没有打我。我上小学的时候，在学校把同学打了，那个同学的爸爸到家里来了，我爸爸给他道了歉，把人家客客气气的送走了。结果转身就跟我妈说'这小子越来越有出息了，都会教训人了。'我妈又跟我说，只要不被欺负，你怎么样都行。现在想想，如果我爸妈当时把我狠狠地教训一顿，告诉我打人不对，我今天就不会在这里了。"

看完这个节目，我的内心一阵难过。我相信大部分父母不会像案例中的爸爸妈妈一样纵容孩子，他们会纠正孩子打人的习惯。但是当孩子克制不住自己的情绪动手时，我们反而慌了阵脚，胡乱教育会起反效果。

小伟是我一个朋友的儿子，上小学5年级。自从他上学以来，已经给父母惹了不少麻烦了，为什么呢？就因为他爱打人。刚刚上一年级时，就把一个小女孩的脚踩伤了，后来又把同学胳膊撞破了，再后来还踢伤了同学的膝盖……为了这些事，爸爸妈妈没少给其他家长道歉，爸爸妈妈跟小伟讲道理，严重时还打过他，罚过他，可他就是不长记性。

有一天，小伟爸爸正在看电视，电话响了，原来是班主任打来的，小伟在学校又把同学打伤了，爸爸放下电话，二话没说，把小伟拉来就是两巴掌。小伟委屈地大哭大叫，爸爸更生气了："说过多少遍了，在学校不许打人，你还敢再犯，今天看我不打死你！"爸爸又打了下去，这一次，小伟竟然学会还手了，这让爸爸更生气了："你长本事了是吧，你还敢还手！"结果那天，爸爸狠狠地打了小伟一顿后，把孩子丢回房间去"反省"。

小伟一个人在地上哭得稀里哗啦,不明白为什么爸爸可以打他,他就不能打人。最后他竟然得出了一个结论,那就是他不能再打同学,只能打比自己小的孩子。

这显然是一次失败的教育,爸爸的"教育"只换来了一个消极结果。这都是因为教育方式不当,如果小伟爸爸能用训诫的方法教育孩子,那么效果一定会好得多。

训诫是一种正面教育方式,我们应该如何利用好"训诫"的教育方式呢?简单来说就是四步走:

第一步:指出错误,点明其危害。

比如小伟爸爸就不应该把孩子拉来就打,而是应该冷静情绪,告诉孩子错在哪里,告诉他人是不对的,没有人喜欢一个暴力的小孩,喜欢打人的小孩是交不到朋友的。我相信,当爸爸给孩子点明危害后,孩子一定会有所受教,一定比打孩子的方法好。

第二步:分析事件。

假如孩子之间发生了冲突,我们一定要保持冷静,不要马上训斥孩子,要第一时间让孩子停止冲突,也不要因为怕孩子吃亏就护着孩子。要问清楚孩子冲突发生的原因,为孩子提出建议,然后让孩子自己解决问题。

第三步:讲道理。

比方说,当孩子在玩自己喜欢的玩具时,一定会有其他的孩子过来抢,孩子一着急就会出手打人。此时,我们应该告诉孩子,当有人来抢自己的玩具时，应该先跟对方说明这是自己的玩具，我玩一会就给对方玩，或者让孩子和其他小朋友一起分享玩具。

第四步：对比。

身为父母，我们应该告诉孩子，打人是一种非常不好的行为。在孩子打人之后，可以用对比法帮他分析问题，你可以这样对孩子说："宝贝，如果有人把你打伤了，妈妈一定会很心疼，爸爸妈妈都会非常难过，当你把其他小朋友打伤时，那他的爸爸妈妈是不是也很难过？"这种对比可以帮助孩子深刻认识到自己的错误，反省自己的做法。

第五步：警告。

我们应该时刻告诫孩子不到万不得已，不能用武力解决和小朋友之间的冲突。我们绝对不会原谅他的打人行为，如果孩子再犯这种错误，就将受到严厉的惩罚。

训诫并非单纯的责备，更不是打一棍子完事儿，而是综合运用比较、劝勉、激励、警告等多种形式，刚柔并济，以达到教育目的。

05. 简则易循，严则必行

我曾经在杂志上看到这样一则故事：

在韩国，有一个孩子因为意外失去了右边的胳膊，意志力一直很消沉，母亲为了激励他，就送他去学空手道。这个孩子身材矮小，又有残疾，所以特别自卑，觉得自己肯定学不好。空手道教练只教了他一个规则，让他就用这个规则跟别人打。这个孩子半信半疑地用这个规则跟其他的学员比赛，竟然赢了。

空手道教练让他参加一级又一级的比赛，每次都赢了。最后也是最重要的一次比赛，孩子很害怕，想退缩，但是教练胸有成竹的对他说："你只需要遵守这个规则就够了。"

孩子在最后一次比赛中面对的是一个比他强壮很多的选手，他坚定地遵守着教练教给他的唯一的一条规则，最终赢得了比赛。比赛后，他问教练为什么，教练告诉他："我之前告诉你的规则，对方只有一个方法来破解，就是抓住你右边的胳膊，但是因为你没有右边的胳膊，所以你每次都能赢。"

这个故事不仅仅讲的是天生我材必有用的道理，他也告诉我们，一条规则如果简单易遵守，往往是最有用的规则。

英国教育学家洛克认为，在教育孩子的过程中，应该少定规矩，但是一旦规矩定下来就要遵守。"没有规矩不成方圆"，但是规矩太多，孩子也不知道该从何做起。这样一来，孩子在做事情的时候就会犹犹豫豫，害怕违反了规矩受到惩罚。

对于让孩子守规则，我认为最好的办法就是：简则易循，严则必行。简单来说，就是我们少限制孩子，不要24小时把眼睛放在孩子身上，只要设定几个重要的规矩，并且告诉孩子，对他设定的规矩不多，但是一定要遵守，一旦破坏规矩就要受到惩罚。假如某天孩子真的没守规矩，惩罚一定要执行到位,这样的规矩才有威慑力。

儿子上小学时,我和丈夫几乎每天都要唠叨儿子几句。只要看见儿子没在房间里,我们就会问他:"你作业做完了吗?"如果儿子在看电视,我们又会提醒他,少看一会儿,看时间久了眼睛会近视,包括玩 ipad 也是一样。

即便如此,儿子看电视和玩 ipad 的时间也并没有减少,反而变本加厉,搞得我和丈夫火冒三丈,一度觉得管不了这孩子了。

后来,我和丈夫决定换一个策略。我给儿子订了一条新规矩——每天十点半必须上床,关灯睡觉,其他的时间,由儿子自己安排。第一天,儿子像是放出笼的小野兽,觉得自己自由了,放学回家一进门就打开电视看动画片,动画片看完就玩 ipad,不知不觉已经 10 点了。眼看作业还没做,只剩半个小时就要上床睡觉了,儿子着急了。结果,那天的作业没做完,他只能第二天早早起来赶作业。

过了几天,儿子已经适应了自己安排时间。他放学回家就开始做作业,为了早点做完作业可以多玩一会儿,儿子做作业的速度变得非常快。有时候看一小时电视,有时候玩一小时电脑,把时间控制好,十点半一定能准时上床睡觉。

自从制订了新规矩以后,儿子不仅学会了自己安排时间,我们也几乎不再为此发生争吵。

我给儿子定了一个简单的规则,就是晚上十点半前上床睡觉。因为儿子已经上小学了,有了一定的时间观念,所以可以把时间安排交给他自己,只需让他记住十点半这一"最后的通牒"就可以了。虽然只有一个规则，但是这个"最后的通牒"是必须要遵守的。儿子试了几次，发现这个规则没有商量的余地，那只能调整自己的作息，慢慢适应。

一个懂得遵守规则的孩子，将来走向社会，也会比较容易适应社会生活。绝对的自由是不存在的，孩子需要懂规矩，为了让孩子更好地遵守一些重要的规则，我们可以从以下三点出发：

第一，在不必要定规则的地方，可以适当减少规则。

在没必要制定规则的地方，我们就可以不用制定规则。有些规则就算制定了，但是在孩子的某些年龄段，他们做不到，也等于白费力气。能够约束孩子，并且孩子能够遵守的规则才是好规则。如果某个规则孩子一直记不住，或者一直反抗不愿意遵守，我们就需要考虑一下是不是要调整这个规则。

第二，如果有多个规则，需要保持规则的一致性。

假如给孩子制定了很多规则的话，我们需要保持一致性。要不然，孩子就不知道该如何遵守规则，要遵守哪一条规则了。比如我们让孩子多帮忙做家务，但是又在孩子帮忙时说他帮倒忙，那么孩子就会困惑，也打击了孩子帮忙做家务的积极性。

第三，当要改变规则的时候，对孩子做出说明。

规则一旦制定，就不要随意改变，规则如果变来变去，则会去掉对孩子的约束力。必须要调整规则的时候，我们要给孩子说明原因。但是，有的规则是根据家庭的特殊性制定的，在这种情况下，我们就有必要给孩子说明："现在情况发生了改变，我们需要改变一些规则，希望你能继续遵守。"

06. 培养规则意识从家里开始

上个月，我收到这样一条微博私信，私信内容大概是这样的：

我的女儿三岁多，快四岁了，在上幼儿园，但是最近她出现了打人、挠人的行为，幼儿园老师也跟我反映了很多次，老师一会儿不看着她，她就会打其他的小朋友，这让老师很为难。不仅如此，女儿还有其他的一些行为，比如，我们带她坐公交车，她看到有个小朋友扶着她的椅背，她会用力掰开人家的手，不让对方扶；在公园里玩的时候，她看到有小朋友在荡秋千，她会直接过去抢。

当周围人对女儿的行为感到费解，甚至懊恼的时候，出于爱与包容，我总会想女儿这是觉得自己的利益受到了威胁，正在试图用自己的方式来表达自我感受。因此，我总是避免在公共场合教训孩子，只是抓住女儿的手的手，对她说："这样做不对哦！"但是，女儿反而表现得变本加厉，比如，我们一家人出去吃饭，她会突然拍一下坐在旁边的阿姨；坐公交车时，她会不停地踢前面乘客的凳子……

这位朋友还说："平常在家里，我们对女儿的教育还算宽松，但是，这些伤人的行为我总不能放任其发展吧？有时候，当我看到女儿的表现，我确实很失望，除了等待、倾听和气愤，我还能做什么呢？我不知道女儿这样的行为是不是正常？还是我们当家长的有什么做得不对的地方？"

看得出来，这是一个深陷迷茫、教育孩子心情又很迫切的妈妈。其实，上述的经历，很多父母都有过吧，孩子两三岁时，突然变得很有攻击性，喜欢招惹或攻击他人、喜欢恶作剧，甚至还迷恋上了吐口水、说脏话的行为。

但是，当我看完这位朋友的私信内容后，有些情况我依然不太明白。比方说，孩子在家里也是这样吗？如果她说的情况发生在外面，当父母把孩子带走后，孩子会有什么反应呢？当父母告诉孩子"这样做不可以哦"，有没有告诉孩子为什么呢？大人制止孩子的不良行为后，有没有告诉他怎样做才是恰当的呢？后来，我与这位家长朋友做了进一步的交流，我发现，原来她的女儿属于那种精力旺盛、好动活泼型的孩子，对于这类孩子的教育，父母要付出比正常人多几倍的心血和时间。

从我多年的教育经验来看，这位小朋友的所作所为是她所在的年龄段容易普遍发生的变化。当孩子长到三岁时，他们逐渐学会用"我"来称呼自己，而不是继续用大人们对她的称呼，这是孩子身体和精神的一个飞跃期，也是他们自我意识开始萌芽并且发展，真正把自己与他人分离开的一个飞跃期。

但是，即便如此，孩子依然不能明确地理解其他人的感受，也不能把握很多社会交往规则。此时的孩子对这个世界充满了新鲜感和好奇心，他们的行为非常随意，想干什么就干什么。比方说，当孩子看到公交车上前座阿姨头上的卷发，就觉得这个东西一定很有趣，于是，忍不住就想揪一把，却并不知道这样做是很不礼貌的，也不知道阿姨也会感觉疼，甚至因此而生气。再比如，当孩子把饭粒塞到小朋友衣领里，在他看来这是个很好玩的试验，却不知道小朋友不喜欢他这么做。但是，这并不代表我们可以放任自流，不对孩子进行引导。私信我的那位朋友没有在大庭广众之下训斥孩子，这种做法很值得肯定，但是，她仍然需要在对的时间，对的场合给孩子讲明原因。

对于这位朋友的疑惑，在我看来，当她对一个三四岁的孩子直接说"不"的时候，年幼的女儿并不知道自己哪里做得不好，也不能很好地化解因行动受阻而产生的负面情绪。有时候，孩子之所以会连续做出不恰当的行为，很大一部分原因是因为我们没有正确引导，比方说，为什么这样做不可以？到底应该怎样做？换句话说，在孩子犯错时，我们只知道制止孩子是没有效果的，因势利导，转移孩子的注意力。用另外一件可以做的事情替代不可以做的事情，才不失为一种可行的方式。

儿子小时候，如果他喜欢一个人，就会很好奇地上去拍一拍对方的肩膀。这种情况下，我会一边握着他的手，一边对他说："你是不是很喜欢这位小姐姐啊？小姐姐今天梳的辫子很好看对不对？我们轻轻地摸好不好？你问问姐姐看让不让你摸啊？"我相信有了这样的铺垫，任何一个人都不会拒绝孩子的要求。我也会趁机握住儿子的手轻轻摸一下，给他示范怎样做才是对他人恰当的接触。

当然，培养孩子的规则意识并非仅限于此。在教育孩子的时候，我很认同这样一个观点：孩子在外如何处理与他人的冲突、如何化解受到挫折时的负面情绪，都需要首先在家里跟家长进行多次的"演练"，这样孩子才能掌握其中的技巧和原则。

比方说，当儿子在家与我们大人发生冲突时，我们总会采取一系列巧妙的方法告诉他"不可以！"，避免因为自己过激的情绪，强迫孩子屈服，怎样坚持原则而不被孩子的情绪所左右？怎样用语言、倾听和共情表达自己的观点？做好这些"功课"，就能在一定程度上给孩子在外如何表现树立一个好榜样。

然而，在我身边还有这样一群父母，他们在家里对孩子不管不顾，要求非常宽松。但是在公共场合，出于对自己面子的考虑，就要求孩子这不能做，那不能做，这样未免会让孩子的思维陷入混乱状态。

因此，请朋友们记住：社交原则的树立应该始于家里，在外不被允许的行为，在家也不能大行其道。内外准则要一致，才能让孩子接受和遵守规矩。在教育孩子时，我们也不能忽视树立规则的必要性，让孩子在家里得到应有的教育，出门在外才会有优秀的表现。

07. 哀求，只会使孩子得寸进尺

有一天晚上，我和丈夫在小区散步，碰上楼下的邻居。她跟我说起她刚上小学3年级的女儿："我们拿这个孩子没办法，她就是不肯好好吃饭，一到吃饭时间就东张西望，要不就是摆弄玩具，劝了很多次也改不掉这个毛病。"

邻居的女儿是家里的"小公主"，父母和爷爷奶奶把她当成心肝宝贝一样哄着捧着。如果饭桌上没有她喜欢吃的菜，她拿起碗就摔，之后还气呼呼地觉得自己受了很大委屈。每次吃饭，家人轮番上阵哄她，爸爸举着饭碗，妈妈在旁边赔笑脸，她吃一口，大家心里才踏实一点儿；

她不吃，全家也就没心思吃饭了。

我认为，之所以孩子会如此，其根本原因就在邻居一家人身上，他们的娇惯助长了女儿的坏脾气，只要一不顺心就哭闹不休。

同事家 9 岁的琴琴也是这样，她喜欢的东西，家长必须给买，不然就大发脾气，在地上打滚儿。一次琴琴来我家做客，喜欢上了儿子的变形金刚，琴琴妈妈说再给她买一个，琴琴不肯，非要儿子的不可。琴琴妈妈只好连忙下楼去买了一个一模一样的变形金刚，琴琴才平静下来。

其实，据我所知，琴琴以前是个听话的孩子，随着慢慢长大，她和其他孩子一样表现出了任性、爱发脾气的毛病，这都是孩子成长过程中的正常现象，表明孩子想独立了，不愿意父母插手自己的事情。可是琴琴的父母没有好好加以引导，只是由着她的性子。起初她得不到什么东西，父母跟她讲道理，她也不会反应很激烈，最多是撅着嘴生气，琴琴妈妈不忍心看到孩子失望的样子，就买给她想要的。渐渐地，琴琴养成了坏毛病。

邻居家的孩子和琴琴都是在父母的宠溺下变得"得寸进尺"，没有收敛。

无论是大人还是孩子，"得寸进尺"都是让人反感的。大人可能会自觉改正，孩子就不同了。孩子很小的时候，我们可能认为他因为得不到东西而哭闹是正常的，但孩子长大以后，性格已经形成，很难有所转变。

最初孩子想拥有什么东西，只是试探性的，如果我们屈服了，无形中强化了孩子的任性，他尝到一点点甜头，下次还会采取相同的方式索取。

记得有一年儿童节，我带着儿子去公园玩，旋转木马前排了很多的人，好不容易轮到我们了，坐完一圈木马，大家都让出位置让其他孩子接着玩。有一个孩子死死抱住木马，说什么都不肯走。他妈妈哄他："宝贝听话，后面有那么多小朋友呢。"孩子不听，非要再坐一圈，妈妈又说："你是妈妈的好宝贝，快下来好吗？"孩子还是不听，周围的人都抱怨起来，妈妈只好说："乖，妈妈给你买个小木马，咱们回家玩。"孩子听了这话，才乖乖走了。

　　有时候，我们的妥协可能有种种理由：不想让孩子失望、为了摆脱在公众场合的难堪、为了节省时间等等，总之，都是基于对孩子爱护。可能我们都不会想到，一味地妥协只会让孩子得寸进尺，对孩子的成长是没有好处的。

　　我在电视上看过一个案例，就是讲父母的妥协给孩子带来的恶果。

　　一个男孩是家里最小的孩子，父母一向对他百依百顺，他说什么就是什么，哪怕父母对他提出的要求也很为难，也总会尽全力使他满意。有一天，他看见同学骑着一辆崭新的摩托车很威风他就让父母给买，买摩托车的钱对这个普通家庭来说不是小数目，实在难办，父母就"哀求"说："先别买了吧，以后家里有钱了再给你买。"男孩不肯，闹了很长时间，父母只好借了一些钱给他买了摩托车。

　　这个男孩的学习成绩不好，父母又用哀求的口吻跟他商量："你要什么我们就给你买什么，只要你好好学习，你让我们干什么都行。"青春期的男孩越来越叛逆，他交了几个社会上的朋友，沾染了一系列恶习，因为小偷小摸或是赌博被派出所拘留过几次。父母可怜兮兮地求他："儿子，下次别再犯了行吗？你肯定能改正的。"后来男孩沦落到吸毒的地步，父母甚至多次下跪求他悔改，可是已经晚了，他在错误的路上已经没办法回头了。

"我特别想让父母骂我、打我，他们越求我，我越想和他们对着干。"戒毒所里的男孩捂住脸，手腕上明晃晃的手铐刺痛了我的眼睛。

如果这个男孩的父母不是用"哀求"的教育方式，而是冷静地分析问题，多跟孩子沟通，就能很快找出解决问题的方法，孩子也不会有个残缺的人生。

对于孩子的一些要求，我们必须懂得拒绝。

我正在书房忙的时候，儿子过来对我说："妈妈，我想要一个新闹钟。""你的闹钟不是好好的吗？"我抬起头，问他。儿子嘟囔着："我不喜欢那个闹钟了。"我说："你的闹钟坏了我再给你买。"儿子没说什么就出去了。

等我忙完，就去房间看他，谁知道他正用文具盒砸闹钟呢，我很生气："干吗要砸闹钟？""你不是说闹钟坏了就给我买新的吗？我就要把它弄坏！"儿子理直气壮。我又好气又好笑，这个时候怎么讲道理都是没用的，于是我对儿子说："除非你知道自己错在哪儿了，否则妈妈不会再理你。"然后走开。我没回头看儿子，不然他很可能无理取闹一番。

睡觉前，儿子怯怯地叫我："妈妈。"我示意他到我身边，他说："对不起，我不该砸闹钟。""下次还会这样吗？"我严肃地问。儿子摇头："不会了，妈妈别生气了。"

事情暂时过去了，过了几天，儿子似乎又有了买新闹钟的念头，他试探着提出的时候，我马上拒绝了："不行，我们说好的事情不能反悔，没人喜欢说话不算数的小孩。"这次，儿子明白了，我是不会给他买新闹钟的，后来再也没闹着买闹钟。

我们不能因为孩子发脾气而顺从他的意思去做，那样孩子会越发得寸进尺，逐渐养成习惯就很难改正了。同样，当他们又哭又闹，我们即使再烦，也不要大声喊叫，否则会火上浇油。

在家和在外面是一样的，如果孩子不停哭闹，不妨将孩子短暂"隔离"，冷落他一会儿，让孩子意识到父母是真的生气了。如此反复几次，孩子就会明白，自己的发脾气和哭闹没有任何意义。

我常说父母不该给孩子套上太沉重的枷锁，但过分地纵容也是错误的。孩子成长的路上，难免遇到很多问题，在他们前进的每一步给他们动力和鼓励，适当的批评是必要的，"哀求"并不可取。